Contra Estas Coisas Não Há Nenhuma Lei

O Fruto do Espírito

Contra Estas Coisas Não Há Nenhuma Lei

Dr. Jaerock Lee

Contra estas coisas não há lei por Dr. Lee Jaerock
Publicado por Urim Books (Representante: Johnny. H. Kim)
361-66, Shindaebang-Dong, Dongjak-Gu, Seoul, Corea
www.urimbooks.com

Todos os direitos reservados. Este livro ou suas partes não podem ser reproduzidos em qualquer forma, armazenado em um sistema de recuperação ou transmitido de qualquer forma ou por qualquer meio, eletrônico, mecânico, fotocópia, gravação ou outro, sem prévia permissão por escrito do editor.

Exceto quando especificado, todas as citações bíblicas são tiradas da Bíblia Sagrada, Almeida Atualizada, ®, Copyright © 1960, 1962, 1963, 1968, 1971, 1972, 1973, 1975, 1977, 1995 por Fundação Lockman. Usado com permissão.

Copyright © 2013 pelo Dr. Lee Jaerock
ISBN: 979-11-263-1144-6 03230
Direitos Autorais de Traduçao © 2013 por Dra. Esther K. Chung.
Usado com permissão.

Primeira publicação em outubro de 2013

Anteriormente publicado em coreano em 2009 por Urim Livros em Seul, Coréia

Editado por Dr. Geumsun Vin
Criaçao por Bureau Editorial da Urim Books
Para mais informações contactar: urimbook@hotmail.com

"Mas o fruto do Espírito é: amor, alegria, paz, longanimidade, benignidade, bondade, fidelidade, mansidão, domínio próprio; contra estas coisas não há lei."
(Gálatas 5:22-23)

Prefácio

Cristãos adquirem a verdadeira liberdade
Quando possuem os frutos do Espírito Santo,
contra os quais não há nenhuma lei.

Todos tem que seguir regras e regulamentos em dadas circunstâncias. Se eles se sentem que tais leis são como grilhões que os prendem, irão se sentir sobrecarregados e dolorosos. Isso porque eles se sentem sobrecarregados se buscam dissipação e desordem, isso não é liberdade. Depois que eles se entregam em tais coisas, terão apenas o sentimento de vaidade, e, eventualmente, apenas a morte eterna espera por eles.

A verdadeira liberdade é ser livre da morte eterna e de todas as lágrimas, tristezas e dor. É também controlar a natureza original que nos dá essas coisas e o poder de subjugá-los.O Deus de amor não quer que soframos de qualquer forma, e por esta razão ele registrada na Bíblia as formas de desfrutar a vida eterna e a verdadeira liberdade.

Os criminosos ou aqueles que violaram a lei do país ficariam nervosos se vissem policiais. Mas aqueles que cumprem a lei de boa forma não tem que se sentir assim, mas podem sempre pedir ajuda à polícia, e se sentem mais seguros com a polícia.

Da mesma forma, aqueles que vivem na verdade não temem nada e desfrutam a verdadeira liberdade, porque entendem que a lei de Deus é a passagem para as bênçãos. Eles podem desfrutar de liberdade como as baleias que nadam pelo oceano e águias que voam no céu.

A lei de Deus pode em grande parte pode ser categorizada em quatro coisas. Ela nos diz o que fazer, não fazer, manter, e lançar fora algumas coisas. À medida que os dias passam, o mundo se torna cada vez mais manchado de pecados e do mal, e por isso cada vez mais as pessoas sentem o peso da lei de Deus e não a guardam. O povo de Israel durante a época do Antigo Testamento, sofreu muito quando não guardaram a Lei de Moisés.

Então, Deus enviou Jesus à Terra e fez todos livres da maldição da lei. Sem pecado Jesus morreu na cruz, e todo que crê sera salvo por meio da fé. Quando as pessoas recebem o dom do Espírito Santo, ao aceitarem Jesus Cristo, tornam-se filhos de Deus, e também podem ter os frutos do Espírito Santo, com a orientação do Espírito Santo.

Quando o Espírito Santo entra em nosso coração, nos ajuda a compreender as coisas profundas de Deus e a viver pela Palavra de Deus. Por exemplo, quando há alguém que realmente não consegue perdoar, Ele nos lembra do perdão e do amor do Senhor e nos ajuda a perdoar essa pessoa.

Então, podemos rapidamente lançar fora o mal do nosso coração e substituí-lo com bondade e amor. Desta forma, à medida em adquirimos os primeiros frutos do Espírito Santo por meio da orientação do Espírito Santo, não iremos apenas desfrutar de liberdade na verdade, mas também receber amor transbordante e as bênçãos de Deus.

Através do fruto do Espírito, podemos nos verificar a respeito de como santificados estamos e quão perto podemos chegar do trono de Deus, e quanto temos cultivado o coração do Senhor, que é o nosso noivo. Quanto mais frutos do Espírito tivermos, mais brilhante e em uma mais bela morada celestial, iremos entrar. A fim de chegar a Nova Jerusalém no céu, devemos ter todos os frutos totalmente e lindamente, e não apenas alguns dos frutos.

Este trabalho Contra estas coisas não há lei permite compreender facilmente os significados espirituais dos nove frutos do Espírito Santo, juntamente com exemplos específicos. Junto com o amor espiritual em 1 Coríntios 13, e as bem-aventuranças em Mateus 5, os frutos do Espírito Santo são uma placa de sinalização que nos guia para a fé correta. Eles irão nos levar até alcançarmos o destino final de nossa fé, a Nova Jerusalém.

Dou graças a Geumsun Vin, o diretor do departamento editorial e os funcionários, e eu oro em nome do Senhor que você ira alcançar rapidamente os nove frutos do Espírito Santo, através deste livro, para que você possa desfrutar de verdadeira liberdade e torna-se morador da Nova Jerusalém.

Jaerock Lee

Introdução

Uma placa de sinalização em nossa jornada de fé a Nova Jerusalém no Céu.

Todos estão ocupados neste mundo moderno. Eles trabalham e trabalham para possuir e desfrutar de muitas coisas. E ainda assim algumas pessoas ainda têm alguns objetivos de vida própria, apesar da tendência do mundo, mas mesmo essas pessoas de vez em quando podem se perguntar se eles estão realmente vivendo uma vida correta. Entao podem olhar para trás em sua vida nesse momento. No nossa jornada de fé também, podemos ter um crescimento rápido e tomar um atalho para o reino dos céus, quando nós nos verificamos com a Palavra de Deus.

Capítulo 1, "Para produzir o fruto do Espírito", explica sobre o Espírito Santo, que revive o espírito morto, que se tornou morto por causa do pecado de Adão. Ele nos diz que podemos abundantemente colher os frutos do Espírito Santo quando seguimos os desejos do Espírito Santo.

Capítulo 2 'Amor' nos fala sobre o que se trata o primeiro fruto do Espírito, o "amor". Ele também mostra algumas formas corrompidas de amor desde a queda de Adão, e nos dá os meios para cultivar o amor que é agradável a Deus.

Capítulo 3, "alegria", diz que a alegria é o padrão principal, com a qual podemos verificar se a nossa fé é adequada e explica a razão pela qual nos perdemos a alegria do primeiro amor. Ele nos informa sobre as três maneiras de produzir o fruto da alegria, com o qual podemos nos alegrar e ser felizes em qualquer tipo de circunstância e situações.

Capítulo 4 "paz" afirma que o que é importante para quebrar as paredes do pecado é ter paz com Deus, e que nós temos que manter a paz com nós mesmos, e assim com todos. Ele também nos permite compreender a importância de falar palavras de bondade e de pensar do ponto de vista de outras pessoas no processo de fazer a paz.

Capítulo 5 'Paciência ', explica que a verdadeira paciência não é apenas para suprimir ressentimentos, mas ser paciente com um bom coração que está livre do mal, e isso irão trazer grandes bênçãos quando temos a verdadeira paz. Ele também investiga três tipos de paciência: paciência para mudar o coração; paciência com as pessoas; paciência no que diz respeito a Deus.

Capítulo 6 'Gentileza' ensina-nos qual tipo de pessoa tem gentileza como o exemplo do Senhor. Olhando para as características de gentileza, mas também nos fala sobre as diferenças do "amor". Finalmente, mostra-nos uma forma de receber amor e bênçãos de Deus.

Capítulo 7 "bondade" nos fala sobre o coração bondoso com o exemplo do Senhor que não briga ou grita, nem quebra ou agride nem apaga o pavio fumegante. Ele também diferencia a bondade de outros frutos, para que possamos ter o fruto da bondade liberar a fragrância de Cristo.

Capítulo 8 'Fidelidade' ensina-nos sobre o tipo de bênçãos que recebemos quando somos fiéis em tudo na casa de Deus. Com os exemplos de Moisés e José, que nos permite compreender que tipo de pessoa tem suportado o fruto da fidelidade.

Capítulo 9 'Mansidão' explica o significado de gentileza aos olhos de Deus e descreve as características das pessoas que tem o fruto da mansidão. Dá-nos a ilustração dos quatro tipos de campos, como o que devemos fazer para dar o fruto da gentileza. E finalmente nos fala sobre as bênçãos para os mansos.

Capítulo 10 'domínio proprio' demonstra a razão pela qual o ele é apontado como o último fruto entre os nove frutos do Espírito Santo, bem como a importância do domínio proprio. O fruto do domínio próprio é uma coisa indispensável, que exerce o controle sobre todos os outros oito frutos do Espírito Santo.

Capítulo 11: "Contra estas coisas não há lei" é a conclusão deste livro, que nos ajuda a entender a importância de seguir o Espírito Santo, e deseja que todos os leitores fossem rapidamente tornado-se homens de espírito integro com a ajuda do Espírito.

Não podemos dizer que temos grande fé só porque temos sido

cristãos por um longo período ou simplesmente porque temos amplo conhecimento da Bíblia. A medida da fé é discernida pelo grau em que nós mudamos o nosso coração em um coração de verdade e o quanto temos cultivado o coração do Senhor.

Espero que todos os leitores sejam capazes de poder avaliar a sua fé, e abundantemente receber os nove frutos do Espírito Santo, através da orientação do Espírito Santo.

Geumsun Vin,
Diretor do Departamento de Edição

CONTEÚDO
Contra Estas Coisas Não Há Lei

PREFÁCIO · vii

Introdução · xi

Capítulo 1
Para produzir o fruto do Espírito   1

Capítulo 2
Amor   13

Capítulo 3
Alegria   29

Capítulo 4
Paz   49

Capítulo 5
Temperança   69

Capítulo 6
Bondade   87

Capítulo 7
Longaminidade   103

Capítulo 8
Fidelidade   119

Capítulo 9
Mansidão   137

Capítulo 10
Domínio Próprio   159

Capítulo 11
Contra estas coisas não há lei   175

Gálatas 5:16-21

"Digo, porém: Andai em Espírito, e não cumprireis a concupiscência da carne. Porque a carne cobiça contra o Espírito, e o Espírito contra a carne; e estes se opõem um ao outro, para que não façais o que quereis. Mas, se sois guiados pelo Espírito, não estais debaixo da lei. Porque as obras da carne são manifestas, as quais são: adultério, fornicação, impureza, lascívia, Idolatria, feitiçaria, inimizades, porfias, emulações, iras, pelejas, dissensões, heresias, Invejas, homicídios, bebedices, glutonarias, e coisas semelhantes a estas, acerca das quais vos declaro como já antes vos disse que os que cometem tais coisas não herdarão o reino de Deus."

Capítulo 1

Para produzir o fruto do Espírito

O Espírito Santo reaviva o espírito morto
Para produzir o fruto do Espírito
Vontade do Espírito Santo e desejos da carne
Não desanimemos em fazer o bem

Para produzir o fruto do Espírito

Se motoristas pudessem dirigir por uma estrada vazia eles teriam uma sensação de que isso é refrescante. Mas se eles estão dirigindo por aquela área pela primeira vez, teriam que tomar um cuidado redobrado e ficarem alertas. Mas e se eles têm o sistema de navegação GPS em seu carro? Eles podem ter informações detalhadas da estrada e orientação correta, para que possam chegar ao seu destino sem se perder.

A nossa jornada de fé em nosso caminho para o reino dos céus é muito semelhante. Para aqueles que acreditam em Deus e vivem de acordo com a Sua Palavra, o Espírito Santo os protege e orienta-os com antecedência, para que possam evitar muitos dos obstáculos e dificuldades da vida. O Espírito Santo nos guia para o caminho mais curto e mais fácil para o nosso destino, o reino dos céus.

O Espírito Santo reaviva o espírito morto

O primeiro homem, Adão, era um espírito vivo, quando Deus o formou e soprou em suas narinas o fôlego da vida. O "sopro da vida" é o "poder contido na luz original 'e foi transmitida para descendentes de Adão, enquanto eles estavam vivendo no Jardim do Éden".

No entanto, quando Adão e Eva cometeram o pecado da desobediência e foram expulsos para a terra, as coisas não foram as mesmas. Deus tirou a maior parte do sopro da vida de Adão e Eva, e deixou apenas um vestígio, e esta é a "semente da vida". E essa semente de vida não pode ser transmitida de Adão e Eva a seus filhos.

Assim, no sexto mês de gravidez, Deus põe a semente da vida no espírito do bebê e planta-la no núcleo de uma célula que do coração, que é a parte central de um ser humano. No caso daqueles que não aceitou a Jesus Cristo, a semente da vida permanece inativa apenas como uma semente que é coberta por uma casca dura. Nós dizemos que o espírito está morto, enquanto a semente da vida está inativa. Enquanto o espírito permanece morto, não se pode ganhar a vida eterna ou ir para o reino celestial.

Desde a queda de Adão, todos os seres humanos estavam destinados a morrer. Para eles, adquirirem a vida eterna novamente, deve ser perdoado de seus pecados, que é a causa original da morte, e seus espíritos mortos devem ser revividos. Por esta razão, o Deus de amor enviou Seu Filho unigênito Jesus a esta terra como a propiciação e abriu o caminho da salvação. Ou seja, Jesus levou todos os pecados de toda a humanidade e morreu na cruz para reviver o espírito morto. Ele tornou-se o caminho, e a verdade, e a vida de todas as pessoas para adquirirem a vida eterna.

Portanto, quando aceitamos Jesus Cristo como nosso Salvador pessoal, nossos pecados são perdoados; tornamo-nos filhos de Deus e recebemos o dom do Espírito Santo. Com o poder do Espírito Santo, a semente da vida, que permaneceu dormente sendo coberta por uma casca dura, acorda e se torna ativa. Isto é, quando o espírito morto é revivido. Sobre isso João 3:6 diz: "... o que é nascido do Espírito é espírito." Uma semente que brotou pode crescer apenas quando é abastecida com água e sol. Da mesma forma, a semente da vida deve estar cuidada com água e luz espiritual para que possa crescer depois de brotar. Ou seja, a fim de fazer o nosso espírito crescer, temos que aprender a Palavra de

Deus, que é a água espiritual, e temos que agir pela Palavra de Deus, que é luz espiritual.

O Espírito Santo, que entrou em nossos corações nos permite saber a respeito do pecado, da justiça e do juízo. Ele nos ajuda a lançar fora os pecados e ilegalidade e a viver em justiça. Ele nos dá poder para que possamos pensar, falar e agir com a verdade. Ele também nos ajuda a levar uma vida de fé tendo fé e esperança no reino celestial, para que o nosso espírito possa crescer muito bem. Deixe-me dar uma ilustração para uma melhor compreensão.

Suponha que houve uma criança que foi criada em uma família feliz. Um dia ele foi até uma montanha e olhando para a paisagem, ele gritou: "Yahoo!" Mas então, alguém respondeu a ele exatamente da mesma forma, dizendo: "Yahoo!" Surpreso, o menino pergunta: "Quem é você? "e o outro repete depois dele". O menino ficou com raiva por aquela pessoa estava imitando ele, e ele disse: "Você está querendo brigar comigo"?" E as mesmas palavras voltaram para ele. De repente, sentiu que alguém estava olhando para ele e ficou com medo.

Ele veio da montanha rapidamente e contou a sua mãe sobre o ocorrido. Ele disse: "Mãe, tem um cara muito ruim nas montanhas." Mas sua mãe disse com um sorriso gentil: "Eu acho que o menino nas montanhas é um bom menino, e ele pode ser seu amigo". Por que você não voltar para a montanha de novo amanhã e diz que você está arrependido? "Na manhã seguinte, o menino foi até o topo da montanha mais uma vez e gritou em alta voz:" Eu sinto muito por ontem! Por que você não se torna meu amigo? "A mesma resposta veio de volta".

A mãe deixou seu filho perceber que era por ele mesmo. E o Espírito Santo nos ajuda em nossa jornada de fé como uma mãe gentil.

Para produzir o fruto do Espírito

Quando uma semente é semeada, brota, cresce e floresce, e depois da flor, lá surge um resultado, que é o fruto. Da mesma forma, quando a semente da vida em nós, que é plantada por Deus brota através do Espírito Santo, cresce e dá os frutos do Espírito Santo. No entanto, nem todos que recebem o Espírito Santo produzem os frutos do Espírito Santo. Nós podemos produzir o fruto do Espírito somente quando seguimos a orientação do Espírito Santo.

O Espírito Santo pode ser comparado a um gerador de energia. Eletricidade será gerada quando o gerador funciona. Se este gerador está ligado a uma lâmpada e fornece a energia elétrica, a lâmpada vai brilhar a luz. Quando há luz, a escuridão desaparece. Da mesma forma, quando o Espírito Santo opera em nós, a escuridão em nós vai embora porque a luz entra em nosso coração. Então, podemos colher os frutos do Espírito Santo.

A propósito, há uma coisa importante aqui. Para a lâmpada a brilhar a luz, ligando-a com o gerador não ira fazer nada. Alguém tem que ligar o gerador. Deus nos deu o gerador chamado do Espírito Santo, e somos nós que temos que ligar o gerador, o Espírito Santo.

Para nós, ligarmos o gerador do Espírito Santo, devemos estar em alerta e orar fervorosamente. Nós também temos que obedecer a orientação do Espírito Santo para seguir a verdade. Quando seguimos a orientação e insistência do Espírito Santo, dizemos que estamos seguindo os desejos do Espírito Santo. Iremos estar cheio do Espírito Santo, quando diligentemente seguirmos os desejos do Espírito Santo, e ao fazê-lo, o nosso corações serão transformados pela verdade. Iremos dar os frutos do Espírito Santo à medida que adquirimos a plenitude do Espírito Santo.

Quando lançamos fora toda natureza pecaminosa do nosso coração e cultivamos um coração de espírito, com a ajuda do Espírito Santo, os frutos do Espírito Santo começam a mostrar as suas formas. Mas, assim como a velocidade do amadurecimento e do tamanho das uvas no mesmo grupo são diferentes, alguns frutos do Espírito Santo podem estar totalmente maduros, enquanto outros frutos do Espírito Santo ainda não. Alguém poderia ter o fruto do amor abundante, enquanto que o seu fruto do domínio próprio não está maduro o suficiente. Ou, o fruto da fidelidade esta totalmente maduro, enquanto que o fruto da mansidão não.

No entanto, com o passar do tempo cada uma das uvas amadurecem completamente, e todo o grupo estará cheio de grandes uvas violeta. Da mesma forma, se tivermos todos os frutos do Espírito Santo, isso significa que nos tornamos homem de espírito integro, a quem Deus deseja muito. Essas pessoas terão a fragrância de Cristo em todos os aspectos de suas vidas. Eles irão ouvir claramente a voz do Espírito Santo e manifestarão o poder do Espírito Santo para glorificar a Deus. Uma vez que se assemelham completamente a Deus, a eles serão dadas as qualificações para entrar na Nova Jerusalém, onde esta o trono de Deus.

Vontade do Espírito Santo e desejos da carne

Quando tentamos seguir a vontade do Espírito Santo, existe outro tipo de desejo que nos perturba. É o desejo da carne. Os desejos da carne seguem as mentiras, que são o oposto da palavra de Deus. Ele nos faz com que tenhamos a concupiscência da carne, a concupiscência dos olhos e a soberba da vida. Também faz com que cometamos pecados e pratica da injustiça e ilegalidade.

Recentemente, um homem veio até mim pedindo que orasse por ele para que ele parasse de assistir materiais obscenos. Ele disse que, quando ele começou a assistir essas coisas, não era para apreciá-los, mas para entender como essas coisas afetam as pessoas. Mas depois que ele assistiu uma vez, foi constantemente lembrado daquelas cenas e queria vê-las novamente. Mas por dentro, o Espírito Santo estava pedindo-lhe que não, e ele se sentiu incomodado.

Neste caso, o seu coração estava agitado através da concupiscência dos olhos, ou seja, as coisas que ele viu e ouviu através de seus olhos e ouvidos. Se nós não cortarmos esta concupiscência da carne, e ao invés disso aceitá-los, em breve nos levará as mentiras duas, três e quatro vezes, e o número vai continuar a aumentar.

Por este motivo Gálatas 5:16-18 diz: "Digo, porém: Andai em Espírito, e não cumprireis a concupiscência da carne. Porque a carne cobiça contra o Espírito, e o Espírito contra a carne; e estes se opõem um ao outro, para que não façais o que quereis. Mas, se sois guiados pelo Espírito, não estais debaixo da lei.".

Por um lado, quando seguimos os desejos do Espírito Santo, temos paz em nosso coração e estaremos gratos porque o Espírito Santo se alegra. Por outro lado, se seguirmos os desejos da carne, os nossos corações serão incomodados porque o Espírito Santo em nós lamenta. Além disso, iremos perder a plenitude do Espírito, de modo que se torna cada vez mais difícil seguir os desejos do Espírito Santo.

Paulo falou sobre isso em Romanos 7:22-24 diz: "Porque, segundo o homem interior, tenho prazer na lei de Deus; Mas vejo nos meus membros outra lei, que batalha contra a lei do meu entendimento, e me prende debaixo da lei do pecado que está nos meus membros. Miserável homem que eu sou! quem me livrará do corpo desta morte?" De acordo com o texto podemos seguir os desejos do Espírito Santo ou os da carne, podemos nos tornar filhos de Deus, que são salvos ou filhos das trevas que tomam o caminho da morte.

Gálatas 6:08 diz: "Porque o que semeia na sua carne, da carne ceifará a corrupção, mas o que semeia no Espírito, do Espírito ceifará a vida eterna." Se seguirmos os desejos da carne, estaremos cometendo as obras da carne, que são pecados e ilegalidade, e, eventualmente, não entraremos no reino dos céus (Gálatas 5:19-21). Mas se seguirmos a vontade do Espírito Santo, produziremos os nove frutos do Espírito Santo (Gálatas 5:22-23).

Não desanimemos em fazer o bem

Nós produziremos o fruto do Espírito e nos tornaremos verdadeiros filhos de Deus, na medida em que agimos com fé, seguindo o Espírito Santo. No coração dos homens, no entanto, existe coração verdadeiro e coração mentiroso. O coração da verdade leva-nos a seguir os desejos do Espírito Santo e viver pela Palavra de Deus. O coração da mentira nos faz seguir os desejos da carne e viver na escuridão.

Por exemplo, guardar o Dia do Senhor é um dos Dez Mandamentos que os filhos de Deus devem respeitar. Mas um cristão que está administrando uma loja e tem uma fé fraca pode ter um conflito em seu coração pensando que irá perder o seu lucro quando ele fecha sua loja aos domingos. Aqui, os desejos da carne iriam fazê-lo pensar: 'Que tal fechar a loja a cada duas semanas? Ou, que tal eu assistir culto da manhã de domingo e minha mulher à noite para alternarmos turnos na loja? "Mas a vontade do Espírito Santo iria ajudá-lo a obedecer à Palavra de Deus, dando-lhe uma compreensão como:" Se eu guardar santo dia do Senhor, Deus vai me dar mais lucro do que quando eu abrir a loja aos domingos."

O Espírito Santo ajuda em as nossas fraquezas e intercede por nós com gemidos profundos demais para palavras (Romanos 8:26). Quando praticamos a verdade após esta ajuda do Espírito Santo, teremos paz em nosso coração, e nossa fé irá crescer dia após dia.

A Palavra de Deus escrita na Bíblia é a verdade que nunca muda e é a própria bondade. Ele dá a vida eterna aos filhos de Deus, e é a luz que os guia para desfrutar a felicidade eterna e alegria. Os filhos de Deus que são guiados pelo Espírito Santo devem crucificar a carne, juntamente com a sua paixão e desejos. Eles também devem seguir a vontade do Espírito Santo de acordo com a Palavra de Deus e não desanimar em fazer o bem.

Mateus 12:35 diz: "O homem bom tira do seu bom tesouro que é bom. Eu homem mau tira do seu mau tesouro que é mau" Então, temos que lançar fora o mau do nosso coração, orando com fervor e continuar acumulando boas obras.

E Gálatas 5:13-15 diz: "Porque vós, irmãos, fostes chamados à liberdade. Não useis então da liberdade para dar ocasião à carne, mas servi-vos uns aos outros pelo amor. Porque toda a lei se cumpre numa só palavra, nesta: Amarás ao teu próximo como a ti mesmo. Se vós, porém, vos mordeis e devorais uns aos outros, vede não vos consumais também uns aos outros." e Gálatas 6:1-2 diz:" irmãos, se algum homem chegar a ser surpreendido nalguma ofensa, vós, que sois espirituais, encaminhai o tal com espírito de mansidão; olhando por ti mesmo, para que não sejas também tentado. Levai as cargas uns dos outros, e assim cumprireis a lei de Cristo".

Quando seguimos essas palavras de Deus como citado acima, podemos produzir o fruto do Espírito em abundância e nos tornar homens de espírito e espírito integro. Então, receberemos tudo o que pedimos em nossa oração e entraremos na Nova Jerusalém, no reino eterno do céu.

Contra Estas Coisas Não Há Lei

1 João 4:7-8

"Amados, amemo-nos uns aos outros, porque o amor vem de Deus, e todo aquele que ama é nascido de Deus e conhece a Deus. Aquele que não ama não conhece a Deus, porque Deus é amor."

Capítulo 2

Amor

O nível mais alto do amor espiritual
O amor carnal muda ao longo do tempo
O amor espiritual dá a própria vida
O verdadeiro amor para com Deus
A fim de produzir o fruto do amor

Amor

O amor tem mais poder do que as pessoas podem imaginar. Com o poder do amor, podemos salvar aqueles que de alguma forma abandonaram a Deus e seguiram o caminho da morte. O amor pode dar-lhes uma nova força e encorajamento. Se cobrimos as falhas de outras pessoas com o poder do amor, mudanças surpreendentes ocorrerão e grandes bênçãos serão dadas, porque Deus trabalha em meio à bondade, amor, verdade e justiça.

Um determinado grupo de pesquisa em sociologia fez um estudo em 200 estudantes, que estavam em ambientes carentes, na cidade de Baltimore. A equipe concluiu que esses alunos tiveram poucas chances e pouca esperança de sucesso. Mas eles fizeram uma pesquisa de acompanhamento sobre os mesmos alunos 25 anos depois, e o resultado foi surpreendente. 176 dos 200 tornaram-se indivíduos socialmente bem sucedidos como advogados, médicos, pregadores, ou homens de negócios. É claro que os pesquisadores perguntaram a eles como foram capazes de superar em um ambiente tão desfavorável como aquele, e todos eles mencionaram o nome de um professor particular. Este professor foi questionado sobre como ele poderia trazer uma mudança tão incrível e ele disse, "Eu simplesmente os amei, e eles sabiam disso.".

Agora, o que é o amor, o primeiro fruto dos nove frutos do Espírito Santo?

O nível mais alto do amor espiritual

Geralmente o amor pode ser categorizado em amor carnal e

amor espiritual. Amor carnal busca benefício próprio. É o amor sem sentido que vai mudar com o passar do tempo. O amor espiritual, no entanto, procura o benefício dos outros e nunca muda em qualquer situação. 1 Coríntios 13 explica sobre o amor espiritual em detalhe.

"O amor é sofredor, é benigno; o amor não é invejoso; o amor não trata com leviandade, não se ensoberbece. Não se porta com indecência, não busca os seus interesses, não se irrita, não suspeita mal; Não folga com a injustiça, mas folga com a verdade; Tudo sofre tudo crê, tudo espera, tudo suporta." (vv. 4-7).

Como, então, são o fruto do amor em Gálatas 5 e amor espiritual em 1 Coríntios 13 diferentes? O amor como fruto do Espírito Santo inclui amor sacrificial como o que se pode dar a sua própria vida. É o amor que está em um nível mais alto do que o amor em 1 Coríntios 13. É o nível mais alto do amor espiritual.

Se produzirmos o fruto do amor e conseguirmos sacrificar nossas vidas pelos outros, então podemos amar qualquer coisa e qualquer pessoal. Deus nos amou com tudo e que o Senhor nos amou com toda a Sua vida. Se temos este amor em nós, podemos sacrificar nossas vidas por Deus, Seu reino e Sua justiça. Além disso, porque amamos a Deus, podemos também ter o mais alto nível de amor para dar nossas vidas, não só para outros irmãos, mas também até mesmo para os inimigos que nos odeiam.

1 João 4:20-21 diz: "Se alguém diz: Eu amo a Deus, e odeia a

seu irmão, é mentiroso. Pois quem não ama a seu irmão, ao qual viu como pode amar a Deus, a quem não viu? E dele temos este mandamento: que quem ama a Deus ame também a seu irmão". Assim, se amamos a Deus, vamos amar a todos. Se dizemos que amamos a Deus enquanto odiamos alguém, é uma mentira.

O amor carnal muda ao longo do tempo

Quando Deus criou o primeiro homem, Adão, Deus o amava com amor espiritual. Ele fez um belo jardim ao oriente, no Éden e deixou-o viver lá sem a falta de nada. Deus andava com ele. Deus deu a ele não só o Jardim do Éden, que foi um excelente lugar para viver, mas também a autoridade para dominar e governar tudo nesta terra também.

Deus deu a Adão amor espiritual incondicional. Mas, Adam não podia realmente sentir o amor de Deus. Adão nunca tinha experimentado o ódio ou amor carnal que muda então ele não percebeu o quão precioso amor de Deus é. Depois de um longo, longo período passado, Adão foi tentado por meio da serpente e desobedeceu a Palavra de Deus. Ele comeu o fruto que Deus havia proibido (Gênesis 2:17; 3:1-6).

Como resultado, o pecado entrou no coração de Adão, e ele se tornou um homem de carne, que não poderia mais se comunicar com Deus. Deus não podia deixá-lo viver no Jardim do Éden, por mais tempo, e ele foi expulso para a terra. Enquanto eles estavam passando pelo cultivo humano (Gênesis 3:23), todos os seres humanos, que são descendentes de Adão, vieram a conhecer e experimentar as coisas opostas do amor conhecidos no Éden, como o ódio, a inveja, dores, tristeza, doença ou lesão. Nesse meio tempo eles se tornaram cada vez mais distanciados do amor espiritual. Com seus corações corrompidos em corações carnais devido aos pecados, seu amor tornou-se o amor carnal.

Muito tempo se passou desde a queda de Adão, e hoje, é ainda mais difícil encontrar o amor espiritual neste mundo. As pessoas expressam seu amor de várias formas, mas seu amor é apenas carnal, amor que muda com o tempo. Como o tempo passa e as situações e condições mudam, eles mudam de ideia e traem seus entes queridos seguindo seu próprio benefício. Eles também dão somente quando outros dão primeiro ou quando der é benéfico a eles. Se você quer receber de volta o mesmo tanto quanto você tem dado, ou se você ficar desapontado se os outros não lhe deram de volta o que você quer ou espera, é o amor carnal.

Quando um homem e uma mulher namoram, podem dizer que eles "vão amar um ao outro para sempre" e que eles "não poderiam viver um sem o outro". No entanto, em muitos casos, eles mudam de ideia depois de se casarem. Conforme o tempo passa, eles começam a ver algo de que não gostam sobre o seu cônjuge. No passado, tudo parecia bom e eles tentaram agradar a outra pessoa em todas as coisas, mas não podem mais fazer isso. Eles têm mau humor ou dificultam as coisas um para o outro. Eles podem ficar chateados se o seu cônjuge não faz o que eles querem. Apenas há algumas décadas atrás, o divórcio era uma ocorrência rara, mas agora o divórcio vem com muita facilidade e logo após o divórcio parece que muitos casam novamente com outra pessoa. E, no entanto, dizem que cada vez que eles amam a outra pessoa realmente. É típico de amor carnal.

O amor entre pais e filhos não é muito diferente. Claro, alguns pais dariam até mesmo suas vidas para os seus filhos, mas mesmo que eles o fizessem, não é amor espiritual se eles dão tal amor só para seus próprios filhos. Se tivermos amor espiritual, podemos dar tal amor não só para os nossos próprios filhos, mas para todos. Mas como o mundo se torna cada vez mais mal, é raro encontrar pais que podem sacrificar as suas vidas até mesmo para seus próprios filhos. Muitos pais e as crianças têm inimizade por causa de algum benefício monetário ou devido a divergências em opiniões.

E sobre o amor entre irmãos ou amigos? Muitos irmãos se tornam inimigos quando se envolvem em algumas questões de dinheiro. A mesma coisa acontece com mais frequência entre amigos. Eles amam um ao outro quando as coisas estão bem e quando eles concordam em alguma coisa. Mas o amor pode mudar a qualquer momento, se as coisas se tornam diferentes. Além disso, na maioria dos casos, as pessoas querem receber de volta o quanto eles têm dado. Quando eles estão apaixonados, podem dar sem querer nada em troca. Mas, como a paixão esfria, eles lamentam o fato de que eles deram, mas não receberam nada de volta. Isso significa que, afinal de contas, eles queriam algo em troca. Esse tipo de amor é o amor carnal.

O amor espiritual dá a própria vida

E comovente, se alguém dá a própria vida para alguém que ama. Mas, se sabemos que vamos ter que dar a nossa vida para outra pessoa torna-se difícil para nós a amar essa pessoa. Desta forma, o amor do homem é limitado.

Havia um rei que tinha um filho lindo. Em seu reino, havia um notório assassino que foi condenado à morte. A única maneira para que condenado vivesse era alguém inocente morrer em seu lugar. Aqui, pode este rei dar seu filho inocente para morrer para o assassino? Tal coisa nunca aconteceu em todo o curso da história humana. Mas Deus, o Criador, que não pode ser comparado com qualquer rei desta terra, deu o seu Filho unigênito por nós. Ele nos ama tanto assim (Romanos 5:8).

Devido ao pecado de Adão, toda a humanidade teve que seguir o caminho da morte para pagar o salário do pecado. Para salvar a humanidade e conduzi-los para o céu, o problema do pecado tinha de ser resolvido. A fim de resolver este problema do pecado que ficava entre Deus e a humanidade, Deus enviou o seu filho unigênito Jesus para pagar o preço do seu pecado.

Gálatas 3:13 diz: "Maldito todo aquele que for pendurado no madeiro." Jesus foi pendurado em uma cruz de madeira para nos libertar da maldição da lei, que diz: "o salário do pecado é a morte" (Romanos 6:23) . Além disso, porque não há perdão sem derramamento de sangue (Hebreus 9:22), que Ele derramou todo o seu sangue e água. Jesus recebeu o castigo em nosso lugar, e quem crê nele pode ser perdoado de seus pecados e ganhar a vida eterna.

Deus sabia que os pecadores que o perseguiram e zombaram, e posteriormente crucificaram Jesus, que é o Filho de Deus. No entanto, a fim de salvar a raça humana pecaminosa que estava destinado a cair para a morte eterna, Deus enviou Jesus à Terra.

1 João 4:9-10 diz: "Por isso, o amor de Deus se manifestou em nós, que Deus enviou seu Filho unigênito ao mundo, para que pudéssemos viver por meio dele. Nisto consiste o amor: não em que nós tenhamos amado a Deus, mas que Ele nos amou e enviou o Seu Filho como propiciação pelos nossos pecados.".

Deus afirmou o seu amor para conosco, dando o seu Filho unigênito Jesus para ser pendurado na cruz. Jesus mostrou o seu amor sacrificando a si mesmo na cruz para redimir a humanidade de seus pecados. Este amor de Deus, demonstrado através de dar o Seu Filho, é o amor eternamente imutável que dá a vida toda de uma até a última gota de sangue.

O verdadeiro amor para com Deus

Podemos também possuem esse nível de amor? 1 João 4:7-8 diz: "Amados, amemo-nos uns aos outros, porque o amor vem de Deus, e todo aquele que ama é nascido de Deus e conhece a Deus. Aquele que não ama não conhece a Deus, porque Deus é amor.".

Se tivermos conhecimento não apenas como o conhecimento teórico, mas sentimos profundamente em nossos corações o amor que Deus tem dado a nós, naturalmente iremos amar a Deus com sinceridade. Em nossa vida cristã, podemos enfrentar as provações que são difíceis de suportar, ou podemos encontrar uma situação onde podemos perder todas as nossas posses e coisas preciosas para nós. Mesmo nessas situações, os nossos corações não se abalam em nada, enquanto nós temos um amor verdadeiro em nós.

Eu quase perdi todas as minhas três filhas preciosas. Mais de 30 anos atrás, na Coréia do Sul, a maioria das pessoas usavam pedaços de carvão para o aquecimento. O gás monóxido de carbono a partir do carvão, muitas vezes causava acidentes. Foi logo após a abertura da igreja e minha residência estava no porão do edifício da igreja. Minhas três filhas, junto com um jovem, tinha envenenamento por gás carbono. Elas haviam inalado o gás durante toda a noite, e parecia haver nenhuma esperança de recuperação.

Vendo minhas filhas inconscientes, não tive nenhuma tristeza ou reclamações. Eu só estava pensando de forma grata que elas estavam indo viver em paz no belo Céu, onde não há lágrimas, tristeza ou dor. Mas porque o rapaz era apenas um membro da igreja, pedi a Deus para reviver aquele homem para não desonrar a Deus. Eu coloquei minhas mãos sobre o jovem e orei por ele. E então, eu orava para minha terceira e mais jovem filha. Enquanto eu estava orando por ela, o jovem ganhou consciência. Enquanto eu estava orando para a segunda filha, a terceira acordou. Logo, tanto a minha segunda e primeira filha voltaram à consciência. Eles não sofreram sequelas, e até hoje eles são saudáveis. Todos os três estão ministrando como pastores na igreja.

Se amarmos a Deus, o nosso amor nunca vai mudar, em nenhum tipo de situação. Nós já recebemos o Seu amor de sacrificar o seu Filho unigênito, e, portanto, não temos qualquer motivo para ressentir-se dele ou duvidar do Seu amor. Nós só podemos amá-Lo imutavelmente. Só podemos confiar em Seu amor completamente e ser fiel a Ele com nossas vidas.

Essa atitude não vai mudar quando cuidamos de outras almas também. 1 João 3:16 diz: "Nós conhecemos o amor: que Cristo deu a sua vida por nós. e nós devemos dar a nossa vida pelos irmãos" Se cultivarmos o verdadeiro amor para com Deus, iremos amar os nossos irmãos com amor verdadeiro. Isso significa que não teremos nenhum desejo de buscar o nosso próprio bem, e, portanto, daremos tudo o que temos e não iremos querer nada em troca. Iremos nos sacrificar com motivos puros e dar a todos os nossos bens para os outros.

Tenho passado por várias provas enquanto tenho andado o caminho da fé até o dia de hoje. Fui traído por aquelas pessoas que receberam tantas coisas de mim, ou aqueles a quem eu tratei como minha própria família. Às vezes, as pessoas me entendem mal e apontam o dedo para mim.

No entanto, eu só tratei-os com bondade. Entreguei todas as questões nas mãos de Deus e orei para que ele perdoe essas pessoas com o seu amor e compaixão. Eu não odeio até mesmo aquelas pessoas que causaram grandes dificuldades para a Igreja. Eu só queria que eles se arrependessem e voltassem. Quando essas pessoas fizeram muitas coisas más, que causou dificuldades intensas para mim. No entanto, eu os tratava apenas com bondade, porque eu acreditava que Deus me amou, e porque eu os amava com o amor de Deus.

A fim de produzir o fruto do amor

Nós podemos produzir o fruto do amor completamente na medida em que nos santificarmos em nossos corações, lançando os pecados, o mal e a iniquidade de nossos corações. O verdadeiro amor pode sair de um coração que está livre do mal. Se possuímos o verdadeiro amor, podemos dar aos outros a paz o tempo todo e nunca daríamos dificuldades ou colocaríamos um fardo para os outros. Gostaríamos também de entender os corações dos outros e servi-los. Desejaríamos ser capazes de dar-lhes alegria e ajudar a permitir que suas almas prosperassem, para que o reino de Deus seja ampliado.

Na Bíblia, podemos ver que tipo de amor que os pais da fé haviam cultivado. Moisés amava seu povo, e a Israel muito, de modo que ele queria salvá-los, mesmo que isso significasse o seu nome seria apagado do livro da vida (Êxodo 32:32).

O apóstolo Paulo também amava o Senhor com uma mente imutável a partir do momento que o conheceu. Ele tornou-se um apóstolo aos gentios, e salvou muitas almas e igrejas estabelecidas por meio de suas três viagens missionárias. Embora seu caminho fosse exaustivo e cheio de perigo, ele pregou Jesus Cristo até que foi martirizado em Roma.

Houve ameaças de morte constantes e perseguições e perturbação dos judeus. Ele foi espancado e colocado na cadeia. Ele estava à deriva no mar uma noite e um dia depois de um naufrágio. No entanto, ele nunca se arrependeu do caminho que escolheu. Em vez de preocupação consigo mesmo, ele estava preocupado com a igreja e os cristãos, mesmo quando estava passando por muitas dificuldades.

Ele expressou seus sentimentos em 2 Coríntios 11:28-29, que diz: "Para além de tais coisas exteriores, há a pressão diária em mim de preocupação para todas as igrejas. Quem é fraco, sem eu ser fraco? Quem é levado em pecado sem a minha intensa preocupação?".

O apóstolo Paulo não poupou nem mesmo a sua vida, porque ele tinha ardente amor pelas almas. Seu grande amor está bem expresso em Romanos 9:03. Ela diz: "Porque eu poderia desejar que eu mesmo anátema, separado de Cristo, por amor de meus irmãos, meus parentes segundo a carne." Aqui, "meus parentes" não significam família ou parentes. Refere-se a todos os judeus, incluindo aqueles que estavam perseguindo ele.

Ele preferia ir para o inferno em seu lugar, somente se pudesse salvar essas pessoas. Este é o tipo de amor que ele possuía. Além disso, como está escrito em João 15:13, "Ninguém tem maior amor do que este, de dar alguém a sua vida pelos seus amigos", o apóstolo Paulo provou seu mais alto nível de amor, tornando-se um mártir.

Algumas pessoas dizem que amam o Senhor, mas não amam seus irmãos na fé. Estes irmãos não são sequer os seus inimigos, nem eles estão clamando por sua vida. Mas eles têm conflitos e nutrem sentimentos desconfortáveis uns contra os outros sobre assuntos triviais. Mesmo ao fazer a obra de Deus, eles têm ressentimentos quando as suas opiniões são diferentes. Algumas pessoas são insensíveis sobre outras pessoas cujos espíritos estão murchando e morrendo. Então, podemos dizer essas pessoas amam a Deus?

Uma vez que eu professei diante de toda a congregação. Eu disse: "Se eu puder salvar mil almas, eu estaria disposto a ir para o inferno em seu lugar." Claro, eu sei que tipo de lugar o inferno é. Eu nunca vou fazer nada que vai me fazer ir para o inferno. Mas se eu puder salvar as almas que estão indo para inferno, eu estaria disposto a ir para lá no lugar delas.

Essas mil almas poderia incluir alguns dos nossos membros da igreja. Poderia ser os líderes da igreja ou membros que não escolhem a verdade, mas seguem o caminho da morte, mesmo depois de ouvir as palavras da verdade e testemunhando as poderosas obras de Deus. Além disso, eles poderiam ser aquelas pessoas que perseguem a nossa igreja com os seus mal-entendidos e ciúme. Ou, eles poderiam ser algumas almas pobres da África que passam fome devido a guerras civis, fome e pobreza.

Assim como Jesus morreu por mim, posso dar minha vida por eles, também. Não é porque eu os amo como uma parte de meu dever, só porque a Palavra de Deus diz que temos de amar. Eu dou toda a minha vida e energia dia-a-dia para salvá-los, porque eu os amo mais que a minha vida e não apenas com palavras. Eu dou toda a minha vida, porque eu sei que é o maior desejo do Deus Pai, que me amou.

Meu coração está cheio de pensamentos tais como, 'Como posso pregar o evangelho em mais lugares?' Como posso manifestar maiores obras do poder de Deus para que mais pessoas possam Crer?'Como posso deixá-los compreender a insignificância deste mundo e levá-los a tomar posse do reino celestial?

Vamos olhar para trás em nós mesmos a respeito de quanto o amor de Deus está gravada em nós. É o amor com o qual Ele deu a vida de Seu Filho unigênito. Se estamos cheios do Seu amor, vamos amar a Deus e as almas de todo o coração. Este é o verdadeiro amor. E, se cultivarmos esse amor completamente, seremos capazes de entrar em Nova Jerusalém, que é a cristaloide do amor. Espero que todos vocês compartilhem o amor eterno com o Deus Pai e o Senhor lá.

Filipenses 4:04

"Alegrai-vos sempre no Senhor; outra vez digo, alegrai-vos!"

Contra Estas Coisas Não Há Lei

Capítulo 3

Alegria

O fruto da alegria
As razões pelas quais a alegria do primeiro amor desaparece
Quando a alegria espiritual é produzida
Se você quiser dar o fruto da alegria
Lamentação mesmo depois de ter o fruto da alegria
Seja positivo e siga a bondade em todos os assuntos

Alegria

O riso alivia o stress, raiva e tensão contribuindo assim para a prevenção de ataques cardíacos e morte súbita. Também melhora a imunidade do corpo, por isso tem efeitos positivos na prevenção de infecções como a gripe ou até mesmo doenças como o câncer e doenças atribuídas ao estilo de vida. Risos certamente têm efeitos muito positivos sobre a nossa saúde, e Deus também nos diz para nos alegrar sempre. Alguns podem dizer: "Como posso me alegrar quando não há nada para se alegrar?" Mas, homens de fé sempre pode se alegrar no Senhor, porque eles acreditam que Deus irá ajudá-los diante das dificuldades, e eles acabarão sendo guiados para o reino de céu, onde há alegria eterna.

O fruto da alegria

Alegria é "felicidade intensa e, especialmente, em êxtase ou satisfação exultante." Alegria espiritual, no entanto, não é apenas ser extremamente feliz. Até mesmo os incrédulos se alegram quando as coisas são boas, mas isso é apenas temporário. Sua alegria desaparece quando as coisas se tornam difíceis. Mas, se produzirmos o fruto da alegria em nossos corações, seremos capazes de alegrar e ser felizes em qualquer tipo de situação.

1 Tessalonicenses 5:16-18 diz: "Alegrai-vos sempre; orai sem cessar, em tudo dai graças. pois esta é a vontade de Deus para convosco em Cristo Jesus" alegria espiritual é alegrar-se sempre e dar graças em todas as circunstâncias. A alegria é um dos mais óbvios e mais clara das categorias com as quais podemos medir e verificar que tipo de vida cristã estamos levando.

Alguns cristãos trilham o caminho do Senhor com alegria e

felicidade em tempo todo, enquanto outros realmente não têm a verdadeira alegria e gratidão decorrentes de seus corações, embora possam se esforçar em sua fé. Eles frequentam os cultos, oram, e cumprem os seus deveres da igreja, mas fazem todas essas atividades como se estivessem a cumprir um dever indiferente E se encontram qualquer problema, eles perdem o pouco de paz que tinham, e seus corações são abalados pelo nervosismo.

Se existe um problema que você nunca pode resolver com sua própria força, isto é, quando você pode verificar se você está realmente se alegrando do fundo do seu coração. Em tal situação, por que você não olha em um espelho? Ele também pode tornar-se uma medida para verificar em que medida você tem produzido o fruto da alegria. Por uma questão de fato, só a graça de Jesus Cristo que nos salvou pelo seu sangue é mais do que a condição suficiente para nos alegrarmos em todo o tempo. Estávamos destinados a cair no fogo eterno no inferno, mas através do sangue de Jesus Cristo, fomos autorizados a entrar no reino do céu cheio de felicidade e paz. Este fato sozinho pode nos dar a felicidade além das palavras.

Depois do Êxodo, quando os filhos de Israel atravessaram o Mar Vermelho quando estavam em terra firme e foram libertos do exército egípcio que estava os perseguindo, quão muito eles se alegram? Cheias de felicidade as mulheres dançaram com tamboris e todo o povo louvou a Deus (Êxodo 15:19-20).

Da mesma forma, quando se aceita o Senhor, ele tem alegria inexprimível por ter sido salvo, e ele sempre pode cantar com louvores em seus lábios, mesmo se está cansado depois de um dia de trabalho duro. Mesmo que seja perseguido pelo nome do Senhor, ou sofra uma dificuldade sem justa causa, ele esta feliz pensando no reino dos céus. Se esta alegria está sempre e totalmente mantida, ele irá em breve produzir o fruto da alegria por completo.

As razões pelas quais a alegria do primeiro amor desaparece

Na verdade, contudo, poucas pessoas mantêm a alegria de seu primeiro amor. Algum tempo depois de aceitarem o Senhor, a alegria desaparece e as suas emoções em relação à graça da salvação não são mais os mesmos. No passado, eles eram apenas felizes mesmo em dificuldades pensando sobre o Senhor, mas depois eles começam a suspirar e lamentar quando as coisas estão difíceis. É como os filhos de Israel, que muito rapidamente esqueceram a alegria que tiveram depois de cruzar o Mar Vermelho e se queixaram contra Deus e contra Moisés por pequenas dificuldades.

Por que as pessoas mudam assim? É porque eles têm carne em seus corações. A carne aqui tem um significado espiritual. Refere-se à natureza ou características que são opostas ao espírito. 'Espírito' é algo que pertence a Deus, o Criador, que é belo e nunca muda, enquanto que 'carne' é a característica das coisas que separam de Deus. Eles são as coisas que perece, corrupto, e desaparecem. Portanto, todos os tipos de pecados, como ilegalidade, injustiça e mentiras são carnes. Aqueles que têm tais atributos da carne irão perder a sua alegria, uma vez totalmente preenchidos seus corações. Além disso, porque eles têm a natureza que muda o diabo e Satanás inimigo tentar provocar situações para ser desfavorável agitando essa mudança de natureza.

O apóstolo Paulo foi espancado e colocado na prisão, enquanto pregava o evangelho. Mas, como ele orou e louvou a Deus, sem se preocupar com nada, houve um grande terremoto e as portas da prisão se abriram. Além disso, através deste evento, ele evangelizou muitos incrédulos. Ele não perdeu a alegria em qualquer dificuldade, e ele aconselhou os cristãos a "Regozijai-vos sempre no Senhor; outra vez digo, regozijai-vos. Seja a vossa equidade notória a todos os homens. Perto está o Senhor. Não estejais inquietos por coisa alguma; antes as vossas petições sejam em tudo conhecidas diante de Deus pela oração e súplica, com ação de graças." (Filipenses 4:4-6).

Se você está em uma situação terrível, como se estivesse agarrando-se à beira de um penhasco, por que não oferece uma oração de ação de graças, como o apóstolo Paulo? Deus ficará satisfeito com o seu ato de fé e irá trabalhar para o bem em tudo.

Quando a alegria espiritual é produzida

Davi lutou nos campos de batalha pelo seu país no momento de sua juventude. Ele prestou serviços louváveis em muitas guerras diferentes. Quando o Rei Saul estava sofrendo de espíritos malignos, ele tocava harpa para trazer paz ao rei. Ele nunca violou uma ordem de seu rei. No entanto, o rei Saul não era grato pelo serviço de Davi, mas na verdade ele odiava Davi porque estava com ciúmes dele. Porque Davi era amado pelo povo, Saul tinha medo de que seu trono fosse tomado, e ele perseguiu Davi com seu exército para matá-lo.

Em tal situação, Davi, obviamente, teve que fugir de Saul. Uma vez, a fim de salvar a sua vida em um país estrangeiro, ele teve a babar fingindo ser louco. Como você se sentiria se você estivesse no lugar dele? Davi nunca ficou triste, mas somente se alegrou. Ele professou sua fé em Deus, com um belo salmo.

"O Senhor é meu pastor, nada me faltará".
Ele me faz repousar em pastos verdejantes;
Ele me guia mansamente a águas tranquilas.
Ele restaura a minha alma;
Ele me guia por caminhos de justiça
Por causa do seu nome.
Mesmo que eu ande
O vale da sombra da morte,
Não temerei mal algum, porque tu estás comigo;
Tua vara e o teu cajado me consolam.
Você prepara uma mesa perante mim
Na presença dos meus inimigos;
Você ungiu a minha cabeça com óleo, o meu cálice transborda.
Certamente que a bondade e a misericórdia me seguirão.
Todos os dias da minha vida,
E habitarei na casa do Senhor para sempre "(Salmo 23:1-6)".

A realidade era como uma estrada de espinhos, mas Davi tinha algo grande nele. Foi seu amor ardente em direção e imutável confiança em Deus. Nada poderia tirar a alegria decorrente do fundo de seu coração. Davi foi, certamente, uma pessoa que tinha produzido o fruto da alegria.

Por cerca de 41 anos desde que eu aceitei o Senhor, nunca perdi a alegria de meu primeiro amor. Eu ainda vivo cada dia com gratidão. Eu sofri de tantas doenças por sete anos, mas o poder de Deus curou todas as doenças de uma só vez. Imediatamente me tornei cristão e comecei a trabalhar em canteiros de obras. Eu tive a chance de conseguir um emprego melhor, mas eu escolhi fazer o trabalho pesado, porque era a única maneira de guardar o dia santo do Senhor.

Todas as manhãs eu costumava levantar às quatro horas e assistir às reuniões de oração de madrugada. Então ia trabalhar com um almoço embalado. Demorava cerca de uma hora e meia o ônibus chegar ao local de trabalho. Eu tive que trabalhar de manhã até a noite sem descansar o suficiente. Foi realmente muito trabalho pesado. Eu nunca tinha feito trabalho físico antes porque tinha estado doente por muitos anos, e isso não foi uma tarefa fácil para mim.

Eu voltaria por volta das dez horas da noite, depois do trabalho. Tomei banho rapidamente, jantei li a Bíblia e orei antes de ir dormir à meia-noite. Minha esposa também estava vendendo de porta em porta para ganhar a vida, mas era difícil para nós, pagar apenas os juros sobre a dívida que tinha acumulado durante o período que eu tinha estado doente. Literalmente, mal conseguíamos sobreviver todo dia. Embora eu estivesse em uma situação muito difícil financeiramente, meu coração estava sempre cheio de alegria e eu pregava o evangelho a cada vez que eu tinha uma chance. Eu dizia: "Deus está vivo! Olhe para mim! Eu estava apenas esperando a morte, mas fui totalmente curado pelo poder de Deus e me tornei saudável!".

A realidade era difícil e financeiramente desafiadora, mas sempre fui grato pelo amor de Deus que me salvou da morte. Meu coração também estava cheio de esperança do céu. Depois que eu recebi o chamado de Deus para me tornar um pastor, sofri muitas dificuldades injustas e coisas que um homem não pode realmente suportar, e, no entanto a minha alegria e gratidão nunca esfriou.

Como isso foi possível? É porque a gratidão do coração dá à luz a mais gratidão. Eu sempre olho para as coisas para agradecer e oferecer orações de agradecimento a Deus. E não é só oração de agradecimento, gosto de dar oferendas em gratidão a Deus. Além das ofertas de ação de graças oferecidos a Deus em todos os cultos, diligentemente deu oferendas de graças a Deus por outras coisas. Eu dei graças por os membros da igreja que estão crescendo na fé; por me deixar dar glória a Deus através das mega cruzadas no exterior; por dar o crescimento da igreja, etc. Eu gosto de procurar por condições de ação de graças.

Então, Deus me deu bênçãos e graça, sem cessar, para que eu pudesse continuar a dar graças. Se eu tivesse dado graças apenas quando as coisas estivessem boas e não tendo dado graças, mas me queixado quando as coisas estivessem ruins, eu não teria tido a felicidade que tenho agora.

Se você quiser produzir o fruto da alegria

Primeiro você deve mortificar a carne.

Se não temos inveja ou ciúme, vamos alegrar quando outros são elogiados ou abençoados, como se estivéssemos sendo elogiados e abençoados. Ou pelo contrário, iremos ter um tempo difícil ao ver os outros se tornando bem sucedidos na medida em que temos inveja e ciúmes. Podemos ter sentimentos desconfortáveis sobre os outros, ou perdemos a alegria e os tornamos desanimados porque nos sentimos inferiores, na medida em outros se tornam bem sucedidos.

Além disso, se não temos raiva ou ressentimento, teremos apenas a paz, mesmo se formos tratados de forma rude ou agressiva. Tornamo-nos ressentidos e desapontados porque temos a carne em nós. Esta carne é o fardo que nos faz sentir oprimidos de coração. Se temos a natureza que busca nosso próprio benefício, iremos nos sentir muito maus e dolorosos quando parecer que estamos sofrendo uma perda muito maior do que as do outros.

Porque temos atributos carnais em nós, o inimigo diabo e Satanás agitam estas naturezas carnais para criar situações em que não pode nos alegrar. Na medida em que temos carne, não podemos ter fé espiritual, e vamos ter cada vez mais problemas e preocupações que nos tornam incapazes de confiar em Deus. Mas aqueles que confiam em Deus podem se alegrar, mesmo se não têm nada para comer hoje. Isso porque Deus nos prometeu que Ele nos dá o que precisamos quando buscamos primeiro o seu reino e a justiça (Mateus 6:31-33).

Aqueles que têm a verdadeira fé entregarão todas as questões nas mãos de Deus através de orações de agradecimento em qualquer tipo de dificuldade. Eles vão buscar o reino e a justiça de Deus com um coração pacífico e, em seguida, pedirão o que precisam. Mas aqueles que não confiam em Deus, mas em seus próprios pensamentos e planos não deixam de tornarem-se inquietos. Aqueles têm empresas podem ser conduzidos a caminhos prósperos e receberem bênçãos só se puder ouvir a voz do Espírito Santo, de forma clara e segui-la. Mas, enquanto eles têm ganância, impaciência, e pensamentos de mentiras, não poderão ouvir a voz do Espírito Santo, e terão de enfrentar dificuldades. Em suma, a razão fundamental pela qual perdemos a alegria é os atributos carnais que dispomos no nosso coração. Teremos alegria cada vez mais espiritual e graças, e todas as coisas nos irão bem à medida que deixamos de lado a carne do nosso coração.

Em segundo lugar, temos que seguir a vontade do Espírito Santo em todas as coisas.

A alegria que buscamos não é a alegria mundana, mas a alegria que vem de cima, ou seja, a alegria do Espírito Santo. Podemos ser alegres e felizes apenas quando o Espírito Santo habita em nós se alegra. Acima de tudo, a verdadeira alegria vem quando adoramos a Deus com o nosso coração, oramos e louvamos a ele, e guardamos a sua palavra.

Além disso, se nos damos conta de nossas deficiências através da inspiração do Espírito Santo e as melhoramos quão felizes nos tornamos! Estamos mais aptos a ser felizes e agradecidos quando encontramos nosso novo 'eu' que é diferente do que tínhamos antes. A alegria dada por Deus não pode ser comparada com qualquer alegria do mundo, e ninguém pode tirá-la.

Dependendo do tipo de escolhas que fazemos em nossas vidas diárias, podemos seguir os desejos do Espírito Santo ou as da carne.

Se seguirmos os desejos do Espírito Santo a cada momento, o Espírito Santo se alegra em nós e nos enche de alegria. 3 João 1:4 diz: " Não tenho maior gozo do que este o de ouvir que os meus filhos andam na verdade" Como dito, Deus se alegra e nos dá alegria na plenitude do Espírito Santo, quando praticamos a verdade.

Por exemplo, se o desejo de buscar o nosso próprio bem e o desejo de buscar o bem de outros colidem uns com os outros, e se este conflito continua, iremos perder a alegria. Então, se, eventualmente, buscarmos o nosso próprio bem, pode parecer que teremos o que nós queríamos, mas não ganharemos alegria espiritual. Mas, sim, vamos ter dores de consciência ou aflições de coração. Por outro lado, se buscarmos o bem dos outros, pode parecer que estamos sofrendo uma perda naquele momento, mas vamos ganharemos alegria do alto, porque o Espírito Santo se alegra. Somente aqueles que realmente sentem muita alegria irão entender o quão bom ele é. É o tipo de felicidade que ninguém no mundo pode dar ou entender.

Existe uma história de dois irmãos. O mais velho não guardava os pratos depois de comer. Então, o mais jovem sempre tinha que limpar a mesa após as refeições, e ele se sentia desconfortável. Um dia, depois do mais velho tinha comer e estava indo embora, o mais novo disse: "Você tem que lavar os seus próprios pratos." "Você pode lavá-los", disse o irmão mais velho respondeu sem hesitação e foi para o seu quarto. O mais jovem não gostou da situação, mas seu irmão já tinha saído.

O mais jovem sabia que seu irmão mais velho não tinha o hábito de lavar os próprios pratos. Então, o mais jovem só podia servir o mais velho com alegria lavando todos os pratos ele mesmo. Então, você pode pensar o mais novo terá sempre de lavar os pratos, e o mais velho não vai tentar mediar o problema. Mas se agirmos com bondade, Deus é o único que vai trazer as mudanças. Deus vai mudar o coração do irmão mais velho para que ele pense, 'Eu sinto muito, eu fiz meu irmão mais novo lavar meus pratos o tempo todo. A partir de agora, vou lavar os meus pratos e os dele".

Como na ilustração, se seguirmos os desejos da carne apenas por causa do benefício momentâneo, sempre teremos desconforto e brigas. Mas teremos alegria se servimos os outros do coração seguindo os desejos do Espírito Santo.

O mesmo princípio aplica-se em todos os outros assuntos. Alguma vez que você pode ter julgado os outros com seus próprios padrões, mas se você mudar o seu coração e entender os outros em bondade, terá paz. E quando você se encontra com alguém que tem uma personalidade muito diferente da sua ou de alguém cujas opiniões são muito diferentes das suas? Você tenta evitá-lo, ou você calorosamente saudá-lo com um sorriso? Do ponto de vista dos incrédulos, talvez seja mais confortável evitar e ignorar aqueles de que não gostamos, do que tentar ser bom para eles.

Mas aqueles que seguem os desejos do Espírito Santo vão sorrir para essas pessoas com um coração de servo. Quando nos colocamos à disposição da morte todos os dias com a intenção de dar conforto para os outros (1 Coríntios 15:31), iremos experimentar a verdadeira paz e alegria que vem de cima. Além disso, seremos capazes de desfrutar de paz e alegria o tempo todo, se nem sequer tivermos a sensação de que nós não gostamos de alguém ou a personalidade de alguém não corresponde a nossa.

Suponha que você recebe um telefonema de um líder de igreja para ir com ele para fazer uma visita a um membro da igreja que perdeu o culto de domingo, ou suponha que você foi convidado a pregar o evangelho para uma determinada pessoa em um feriado que você raramente consegue. Em um canto da sua mente você quer descansar um pouco, e outra parte de sua mente sugere que você quer fazer a obra de Deus. Cabe a seu livre arbítrio escolher uma ou outra maneira, mas dormir muito e fazer seu corpo confortável não significa necessariamente dar-lhe alegria.

Você pode sentir a plenitude do Espírito Santo e de alegria quando você dá o seu tempo e bens para fazer o ministério de Deus. Como você seguiu os desejos do Espírito Santo outra vez, e outra, não só vai ter mais alegria espiritual, mas também o seu coração cada vez mais transformar-se em um coração de verdade. Para esse mesmo ponto, você produzirá o fruto amadurecido de alegria, e seu rosto vai brilhar com luz espiritual.

Em terceiro lugar, temos de semear as sementes da alegria e ação de graças com diligência.

Para um agricultor colher os frutos de uma colheita, ele precisa para semear as sementes e cuidar delas. Da mesma forma, a fim de dar o fruto da alegria, temos que olhar de forma diligente para as condições de ação de graças e oferecer os sacrifícios de graças a Deus. Se somos filhos de Deus que têm fé, existem tantas coisas para se alegrar!

Em primeiro lugar, temos a alegria da salvação que não pode ser trocada por qualquer coisa. Além disso, o bom Deus é nosso Pai, e ele mantém os seus filhos que vivem na verdade e responde o que eles pedem. Então, quão feliz somos? Se nós apenas guardarmos o dia santo do Senhor e dizimar de forma adequada, não enfrentaremos qualquer desastre ou acidente durante o ano inteiro. Se não cometermos pecados e guardamos os mandamentos de Deus, e trabalharmos fielmente para o seu reino, então, vamos sempre receber as bênçãos.

Mesmo se pudéssemos encontrar algumas dificuldades, as soluções para todos os tipos de problemas são encontrados nos sessenta e seis livros da Bíblia. Se a dificuldade foi causada por nossas próprias más ações, podemos nos arrepender e se converter de tal forma para que Deus tenha misericórdia de nós e nos de a resposta para resolver o problema. Quando olhamos para trás em nós mesmos, se o nosso coração não nos condena, podemos apenas alegrar e dar graças. Então, Deus vai trabalhar para fazer tudo bom e nos dar mais bênçãos.

Temos que nos alegrar e dar graças a ele todo o tempo. Quando olhamos para as condições de ação de graças e regozijo, Deus nos dá mais condições de ação de graças. Por sua vez, o nosso agradecimento e alegria ira aumentar e, eventualmente, produziremos o fruto da alegria por completo.

Lamentação mesmo depois de adquirir o fruto da alegria

Mesmo que tenhamos o fruto da alegria em nosso coração, às

vezes ficamos tristes. É a lamentação espiritual que é feita na verdade.

Primeiro, existe a lamentação do arrependimento. Se houver testes e provas causadas por nossos pecados, nós não podemos simplesmente alegrar e dar graças para resolver o problema. Se alguém pode se alegrar, mesmo após cometer um pecado, essa alegria é a alegria mundana que não tem nada a ver com Deus. Nesse caso, temos de nos arrepender com lágrimas e se converter daquele caminho. Temos que nos arrepender profundamente pensando, 'Como eu poderia cometer tal pecado acreditando em Deus? Como poderia eu abandonar a graça do Senhor? Então, Deus vai aceitar nosso arrependimento, e como prova de que a barreira do pecado é rasgada para baixo, Ele nos dará alegria. Vamos nos sentir tão leves e felizes, como se voássemos para o céu, e um novo tipo de alegria e ação de graças vem de cima.

Mas a lamentação de arrependimento é certamente diferente das lágrimas de tristeza que são derramadas devido à dor causada por dificuldades ou desastres. Mesmo se você orar derramar tantas lágrimas e até mesmo com um nariz escorrendo, isso ainda é apenas lamentação carnal durante o tempo que você está chorando com ressentimento sobre suas situações. Além disso, se você apenas tentar escapar do problema temendo a punição e não se arrependa de seus pecados completamente, não poderá adquirir a verdadeira alegria. Você não vai sentir que está perdoado. Se o seu lamento é o verdadeiro pranto de arrependimento, você tem que lançar fora a vontade de cometer pecados em si e, em seguida, produzir o fruto próprio do arrependimento. Só então você vai receber a alegria espiritual do alto novamente.

Em seguida, existe o lamento que você tem quando Deus é desonrado ou para aquelas almas que estão indo para o caminho da morte. É uma espécie de lamento que é próprio na verdade. Se você tiver tal lamento, irá orar para o reino de Deus com muita sinceridade. Você vai pedir santidade e poder para salvar mais almas e expandir o reino de Deus. Portanto, como o lamento é agradável e aceitável aos olhos de Deus. Se você tiver tal lamento espiritual, a profunda alegria em seu coração não vai embora. Você não vai perder a força estando triste ou desanimado, mas ainda terá gratidão e felicidade.

Vários anos atrás, Deus me mostrou uma morada celestial de uma pessoa que ora para o reino de Deus e da igreja com uma grande quantidade de lamento. Sua casa foi decorada com ouro e pedras preciosas, e, especialmente, havia muitas grandes, pérolas brilhantes. Como uma ostra pérola faz uma pérola com toda a sua energia e seiva, ela lamentou em oração para assemelhar-se ao Senhor, e chorou orando para o reino de Deus e as almas. Deus a está retribuindo por todas as suas orações e lagrimas. Portanto, devemos nos alegrar sempre acreditando em Deus, e também devemos ser capazes de chorar pelo o reino de Deus e as almas.

Seja positivo e siga a bondade em todos os assuntos

Quando Deus criou o primeiro homem, Adão, Ele colocou alegria no coração de Adão. Mas a alegria que Adão tinha naquela época é diferente da alegria que ganhamos depois de passar pelo cultivo humano nesta terra.

Adão era um ser vivo, ou um espírito vivo, o que significa que ele não tem todos os atributos da carne e, portanto, ele não tem qualquer elemento que era oposto à alegria. Ou seja, ele não tem qualquer conceito de relatividade de ser capaz de perceber o valor da alegria. Só aqueles que sofreram doenças podem entender como saúde preciosa é. Só aqueles que sofreram pobreza entender o verdadeiro valor de uma vida rica.

Adão nunca tinha experimentado qualquer dor, e não foi capaz de perceber o que é uma vida feliz que estava vivendo. Embora ele estivesse gostando de uma vida eterna e da abundância do Jardim do Éden, ele não poderia realmente se alegrar com o seu coração. Mas depois que ele comeu do fruto da árvore do conhecimento do bem e do mal, a carne entrou em seu coração, e ele perdeu a alegria que tinha sido dada por Deus. Como ele estava passando por muitas dores deste mundo, seu coração se encheu de tristeza, solidão, ressentimento, rancor, e preocupações.

Nós experimentamos todos os tipos de dores nesta terra, e agora temos que recuperar a alegria espiritual que Adão havia perdido. A fim de fazer isso, nós temos que abandonar a carne, seguir os desejos do Espírito Santo o tempo todo, e semear as sementes da alegria e ação de graças em todas as coisas. Aqui, se somarmos as atitudes positivas e seguirmos a Deus serão capazes de produzir o fruto da alegria completamente.

Esta alegria é adquirida depois de ter experimentado as relações relativas de muitas coisas desta terra, ao contrário de Adão, que vivia no Jardim do Éden. Portanto, a alegria vem do fundo de nosso coração e nunca muda. A verdadeira felicidade vai desfrutar no

Céu já que fomos cultivados nesta terra. Como é que seremos capazes de expressar a alegria que teremos quando terminarmos nossa vida terrena e for para o reino dos céus?

Lucas 17:21 diz: "... nem eles dizem: 'Olha, aqui está!" ou: 'Aqui está!' Pois eis que o reino de Deus está no meio de vós. "Eu espero que você produza rapidamente o fruto da alegria em seu coração para que você possa saborear o Céu na Terra e levar uma vida sempre cheia de felicidade".

Hebreus 12:14

"Segui a paz com todos os homens, e a santificação, sem a qual ninguém verá o Senhor."

Contra Estas Coisas Não Há Lei

Capítulo 4

Paz

O fruto da paz
A fim de produzir o fruto da paz
Boas palavras são importantes
Pense sabiamente do ponto de vista dos outros
A verdadeira paz no coração
Bênçãos para os pacificadores

Paz

As partículas de sal não são visíveis, mas quando elas se cristalizam, tornam belos cristais cúbicos. Uma pequena quantidade do sal dissolve-se na água e muda toda a estrutura da água. É um tempero que é absolutamente necessário no cozimento. Os micro-elementos no sal, em uma quantidade muito pequena são crucialmente essenciais para sustentar as funções vitais. Assim como o sal se dissolve para dar sabor aos alimentos e impede o apodrecimento, Deus quer que nos sacrifiquemos para edificar e purificar outros e produzir o belo fruto da paz. Vamos agora olhar para o fruto da paz entre os frutos do Espírito Santo.

O fruto da paz

Mesmo que sejam cristãos em Deus, as pessoas não conseguem manter a paz com os outros, desde que eles têm o seu ego, ou 'eu'. Se eles acham que suas ideias estão corretas, eles tendem a ignorar as opiniões dos outros e agem de forma contraditória. Mesmo que um acordo foi alcançado pelos votos da maioria do grupo, eles continuam reclamando da decisão. Eles também olham para os defeitos de pessoas ao invés de seus pontos positivos. Eles também poderiam falar mal dos outros e espalharem essas coisas, alienando assim as pessoas umas das outras.

Quando estamos em torno de tais pessoas podemos sentir como se estivéssemos sentados em uma cama de espinhos e não temos paz. Quando existem aqueles que quebram a paz, há sempre problemas, aflições e provações. Se a paz é quebrada em um país, família, local de trabalho, uma igreja, ou qualquer grupo, a passagem para as bênçãos serão bloqueadas e haverá muitas dificuldades.

Em um jogo, o herói ou heroína são importantes naturalmente, mas os outros papéis e equipe de apoio do trabalho de cada um dos funcionários também são importantes. O mesmo vale para todas as organizações. Mesmo que possa parecer algo trivial, quando cada pessoa faz o seu trabalho corretamente a tarefa pode ser totalmente realizado, e a essa pessoa pode ser confiada funções maiores mais tarde. Além disso, não se deve ser arrogante só porque o trabalho que ele está fazendo é importante. Quando ele também ajuda os outros a crescer juntos, todas as obras podem ser realizadas de forma pacífica.

Romanos 12:18 diz: "Se possível, quanto depender de vós, tende paz com todos os homens." E Hebreus 12:14 diz: "Segui a paz com todos os homens, e a santificação, sem a qual ninguém verá o Senhor".

Aqui, "paz" é ser capaz de ir junto com as opiniões dos outros, mesmo que as nossas opiniões estejam corretas. É para dar conforto a outras pessoas. É um coração generoso com a qual podemos estar bem com qualquer coisa, contanto que esteja dentro dos limites da verdade. É seguir o benefício dos outros e não ter qualquer favoritismo. Ele está tentando não ter nenhum problema ou conflito com outros, abstendo-se de expressar oposição opinião pessoal não olhando para os defeitos de outras pessoas.

Os filhos de Deus não só devem manter a paz entre maridos e esposas, pais e filhos, irmãos e vizinhos, mas eles também devem ter a paz com todas as pessoas. Eles devem ter a paz não apenas com aqueles a quem ama, mas com aqueles que os odeiam e lhes dão problemas. É especialmente importante para manter a paz na igreja. Deus não pode trabalhar se a paz é quebrada. Ele só está dando uma chance de Satanás nos acusar. Além disso, mesmo que trabalhemos duro e alcançamos grandes objetivos no ministério de Deus, não podemos louvar se a paz é quebrada.

Em Gênesis 26, Isaque manteve a paz com todos, mesmo em uma situação onde outras pessoas estavam desafiando-o. Foi quando Isaac, em uma tentativa de evitar a fome, foi para o lugar onde os filisteus estavam vivendo. Ele recebeu as bênçãos de Deus, e o número de seus rebanhos e manadas aumentaram e ele teve uma grande família. Os filisteus tinham inveja dele e tampou os poços de Isaque, preenchendo-as com terra.

Eles não tiveram chuva suficiente nessa área, e especialmente no verão não houve chuva. Os poços eram suas fontes de vida. Isaque, no entanto, não brigou ou lutou com eles. Ele só deixou o local e cavou outro poço. Sempre que ele encontrava um poço depois de uma grande quantidade de dificuldades, os filisteus e insistiu que o poço era deles. No entanto, Isaque nunca protestou e ele apenas abria mão dos poços. Ele se mudou para outro lugar e cavou outro poço.

Este ciclo foi repetido muitas vezes, mas Isa que só tratava as pessoas com bondade, e Deus abençoou-o para obter outro poço onde quer que ele fosse. Vendo isso, os filisteus perceberam que Deus estava com ele e não o incomodaram mais. Se Isaque tivesse brigado ou lutado com eles, porque foi tratado injustamente, ele teria se tornado seu inimigo e ele teria de deixar aquele lugar. Mesmo que ele poderia ter falado para si mesmo de uma forma justa e equitativa, não teria trabalhado desde que os filisteus estavam procurando uma briga com más intenções. Por esta razão, Isaque tratou-os com bondade e deu frutos de paz.

Se produzirmos o fruto da paz, desta forma, Deus controla todas as situações, para que possamos prosperar em todas as coisas. Agora, como podemos ter isso, o fruto da paz?

A fim de produzir o fruto da paz

Primeiro, nós temos que estar em paz com Deus.

A coisa mais importante em manter a paz com Deus é que não devemos ter nenhuma parede de pecado. Adão tinha que esconder-se de Deus, pois ele violou a Palavra de Deus e comeu do fruto proibido (Gênesis 3:8). No passado, ele pode sentir uma intimidade muito estreita com Deus, mas agora a presença de Deus trouxe os sentimentos de medo e distância. Foi porque a paz com Deus, havia sido quebrada devido a seu pecado.

É o mesmo conosco. Quando agimos com a verdade, podemos estar em paz com Deus e ter confiança diante de Deus. Claro, a fim de ter paz completa e perfeita, temos que lançar fora todos os pecados e a maldade do nosso coração e tornar mos santificados. Mas mesmo que não sejamos perfeitos ainda, contanto que pratiquemos a verdade diligentemente dentro da medida de nossa fé, podemos ter paz com Deus. Não podemos ter paz perfeita com Deus desde o início, mas podemos ter paz com Deus quando tentamos seguir a paz com ele dentro da medida de nossa fé.

Mesmo quando tentamos ter paz com as pessoas, devemos

buscar a paz com Deus em primeiro lugar. Embora tenhamos que buscar a paz com os nossos pais, filhos, cônjuges, amigos e colegas de trabalho, nunca devemos fazer nada que seja contra a verdade. Ou seja, não devemos quebrar a paz com Deus para seguir a paz com os homens.

Por exemplo, o que se curvar diante de ídolos ou violar o dia do Senhor, a fim de ter paz com os familiares incrédulos? Parece que temos paz no momento, mas na verdade nós quebramos de forma seria a paz com Deus, através da criação de uma parede do pecado diante de Deus. Não podemos cometer pecados para ter paz com as pessoas. Além disso, se violamos o dia do Senhor para assistir ao casamento de um membro da família ou um amigo, isso é para quebrar a paz com Deus, e depois, não podemos ter paz verdadeira com as pessoas também.

Para nós termos a verdadeira paz com os homens, primeiro temos que agradar a Deus. Então, Deus irá afastar o diabo e Satanás inimigo e mudar as mentes das pessoas más, para que possamos ter paz com todos. Provérbios 16:07 diz: "Quando os caminhos do homem agradam ao Senhor, faz que até os seus inimigos tenham paz com ele.".

Claro, outra pessoa pode continuar a quebrar a paz conosco, embora temos tentado nosso melhor dentro da verdade. Nesse caso, se reagimos dentro à verdade até o fim, Deus acabará por trabalhar para o melhor em tudo. Foi o caso de Davi e Saul. Devido ao seu ciúme o rei Saul tentou matar Davi, mas Davi tratou com bondade até o fim. Davi inúmeras chances de matá-lo, mas ele optou por buscar a paz com Deus, seguiu a Deus. Finalmente, Deus permitiu que Davi se sentasse no trono em pagamento a suas boas ações.

Em segundo lugar, devemos ter paz com nós mesmos.

Para ter paz com nós mesmos, devemos lançar fora todas as formas do mal e tornarmos santificados. Enquanto tivermos o mal em nosso coração, a nossa maldade será agitada de acordo com as diferentes situações, e, portanto, a paz será quebrada. Podemos pensar que, temos paz quando as coisas estão indo bem como pensávamos que devia, mas a paz é quebrada quando as coisas não são boas e afetam a nossa maldade no coração. Quando o ódio ou a raiva está fervendo em nosso coração, como é desconfortável! Mas podemos ter paz de coração, não importam quais sejam as circunstâncias, se continuarmos escolhendo a verdade.

Algumas pessoas, no entanto, não têm a verdadeira paz em seus corações eles tentam praticar a verdade para ter paz com Deus. É porque eles têm a justiça própria e estruturas de personalidade.

Por exemplo, algumas pessoas não têm paz de espírito, porque estão muito vinculados pela Palavra de Deus. Assim como Jó, antes que ele passasse pelas provas, eles oravam muito e tentávamos viver de acordo com a Palavra de Deus, mas não estão fazendo essas coisas com seu amor por Deus. Eles vivem pela Palavra de Deus por causa do medo dos castigos e retribuição de Deus. E se por acaso eles violarem a verdade em alguma circunstância, tornam-se muito nervosos com medo de que eles possam enfrentar consequências desfavoráveis.

Em tal caso, quão aflito seria o coração, mesmo que estejam

praticando diligentemente a verdade! Assim, o seu crescimento espiritual para ou perdem a alegria. Afinal, eles estão sofrendo por causa de sua própria justiça e estruturas de pensamentos. Neste caso, ao invés de serem obcecados com atos de guardar a lei, eles tem que tentar cultivar o amor por Deus. Pode-se desfrutar a verdadeira paz, amando a Deus com todo o seu coração entendendo o amor de Deus.

Aqui está outro exemplo. Algumas pessoas não têm paz consigo mesmos por causa de seu pensamento negativo. Eles tentam praticar a verdade, mas condenam a si mesmos e causam dor em seu coração, se não obtém o resultado que querem. Eles sentem pena diante de Deus e perdem o coração pensando que tem falta de tudo. Eles perdem a paz pensando, 'E se as pessoas ao meu redor estão decepcionadas comigo? E se eles me abandonarem.

Tais pessoas devem se tornar filhos espirituais. O pensamento das crianças que acreditam no amor de seus pais é bastante simples. Mesmo se eles cometam erros, não se escondem de seus pais, mas vão para o peito de seus pais dizendo que irão melhorar. Se dizem que estão arrependidos e que irão melhorar com um rosto amoroso e confiante, isso provavelmente faria com que os pais sorriam mesmo que esses estejam tentando repreender seus filhos.

Claro, isso não significa que você deve apenas dizer que irá melhorar o tempo todo e continuar errando. Se você realmente deseja se converter dos pecados e melhorar da próxima vez, por que Deus viraria o seu rosto para longe de você? Aqueles que verdadeiramente se arrependem não desanimam ou sentem desencorajadas por causa de outras pessoas. Claro, eles poderiam ter que receber punições ou serem colocados em posição de humilde, por algum tempo, de acordo com a justiça. No entanto, se eles têm realmente a certeza do amor de Deus para com eles, aceitam de bom grado os castigos de Deus e não se importam com a opinião das outras pessoas ou comentários.

Pelo contrário, Deus não se agrada, se continuam a duvidar, achando que não foram perdoados de seus pecados. Se eles realmente se arrependeram e voltaram-se a partir de seus caminhos, isso é agradável aos olhos de Deus para acreditar que estão perdoados. Mesmo que haja provas causadas por seus erros, elas irão se transformar em bênçãos, se aceitá-las com alegria e ação de graças.

Portanto, temos de acreditar que Deus nos ama, mesmo que não sejamos perfeitos ainda, e Ele nos fará perfeito se nós apenas continuarmos tentando mudar a nós mesmos. Além disso, se somos humilhados em uma prova, temos que confiar em Deus que irá nos erguer eventualmente. Não devemos nos sentir impacientes com o desejo de ser reconhecido pelas pessoas. Se nós apenas continuarmos a acumular um coração e ações verdadeiras, podemos ter paz com nós mesmos, bem como a confiança espiritual.

Em terceiro lugar, devemos ter paz com todos.

A fim de buscar a paz com todos, devemos ser capazes de nos sacrificar. Temos que sacrificar para os outros, até mesmo ao ponto de dar a vida. Paulo disse: "Eu morro todos os dias", e assim como ele disse, não devemos insistir em nossas coisas, os nossos pontos de vista, ou preferências por ter paz com todos.

Para ter paz, não devemos agir de forma inapropriada ou tentar nos exibir e orgulhar de nós mesmos. Temos que nos humilhar com o coração e levantar os outros. Nós não devemos nos desviar, e, ao mesmo tempo, devemos ser capazes de aceitar as diferentes formas dos outros, isto é, se estiver dentro da verdade. Não devemos pensar com a medida de nossa própria fé, mas do ponto de vista dos outros. Mesmo que a nossa opinião seja a correta, ou talvez até melhor, devemos ainda ser capazes de seguir as opiniões dos outros.

Isso não significa, porém, que devemos deixá-los ser e seguir seu caminho, mesmo que as outras pessoas estejam indo ao caminho da morte por cometer pecados. Também não devemos nos comprometer com eles ou juntar-se a eles na prática das mentiras. Nós devemos às vezes aconselhá-los ou admoestá-los com amor. Podemos receber grandes bênçãos quando buscamos a paz dentro da verdade.

Em seguida, para ter paz com todos, não devemos insistir em nossa justiça própria e estruturas. "Estruturas" são o que pensamos ser o certo dentro da própria personalidade individual, senso de propriedade e preferência. "A auto-justiça, aqui está em tentar forçar outros a opiniões pessoais, crenças e ideias que se considera ser superior". A justiça própria e as estruturas são apresentadas em diversas formas em nossas vidas.

E se uma pessoa violar as normas da empresa para justificar suas ações pensando consigo mesmo os regulamentos estão errados? Ele pode pensar que está fazendo o que é correto, mas, obviamente, o seu chefe ou colegas de trabalho pensam o contrário. Além disso, esta de acordo com a verdade seguir as opiniões dos outros, desde que elas não sejam mentiras.

Cada indivíduo tem uma personalidade diferente, porque cada um tem sido levantado em diferentes ambientes. Cada um recebeu educação e medidas de fé diferentes. Assim, cada pessoa tem um padrão diferente de julgar certo ou errado e bom ou ruim. Uma pessoa pode pensar que uma determinada coisa é correta, enquanto outra acha que é errado.

Vamos falar sobre a relação entre um marido e uma esposa, por exemplo. O marido quer que a casa seja sempre mantida cuidadosamente, mas a esposa não o faz. O marido tem com ele amor no inicio e faz ele próprio a limpeza. Mas com o passar do tempo, ele fica frustrado. Ele começa a pensar que sua esposa não teve uma educação adequada em casa. Ele se pergunta por que ela não pode fazer algo que é tão simples e adequado. Ele não entende por que seus hábitos não mudam, mesmo depois de muitos anos, apesar de seu frequente aconselhamento.

Mas, por outro lado, a mulher tem algo a dizer também. Sua decepção sobre seu marido fala, "Eu não existo apenas para limpar e fazer trabalhos domésticos". Às vezes, se eu não posso fazer a limpeza, ele devia fazê-lo. Por que ele reclama tanto? Parecia que ele estava disposto a fazer qualquer coisa por mim antes, mas agora ele reclama sobre tais assuntos triviais. Ele está mesmo falando sobre a minha educação familiar! "Se cada um deles insiste em suas próprias opiniões e desejos, não poderão ter paz". A paz pode ser estabelecida somente quando consideramos o ponto de vista do outro e servirmos uns aos outros, e não quando se pensa apenas com seus próprios pontos de vista.

Jesus nos disse que, quando damos nossas ofertas a Deus, se temos algo contra um dos nossos irmãos, primeiro temos que reconciliar com ele e, em seguida, voltar a fazer a oferta. (Mateus 5:23-24). Nossas ofertas serão aceitas por Deus somente depois que tivermos paz com o irmão e der a oferta.

Aqueles que têm paz com Deus e consigo mesmo não perdem a paz com os outros. Eles não se iram, com ninguém, porque eles já devem ter lançado fora sua ganância, arrogância, orgulho e justiça propria e estruturas. Mesmo quando outros estão maus e que causam problemas, essas pessoas iriam se sacrificar para finalmente fazer a paz.

Palavras de bondade são importantes

Há algumas coisas que devemos considerar quando tentamos buscar a paz. É muito importante falar apenas boas palavras para manter a paz. Provérbios 16:24 diz: "As palavras suaves são favos de mel, doces para a alma e cura para os ossos." Boas palavras dão força e coragem para aqueles que estão desanimados. Elas podem se tornar com um bom remédio para reviver almas agonizantes.

Já pelo contrário, as palavras más quebram a paz. Quando Roboão, filho de Salomão, subiu ao trono, o povo das dez tribos pediu ao rei para reduzir o seu trabalho duro. O rei respondeu: "Meu pai agravou o vosso jugo, mas eu vou adicionar a ele, meu pai disciplinava com açoites, mas eu vos castigarei com escorpiões" (2 Crônicas 10:14). Devido a estas palavras, o rei e o povo se afastaram um do outro, o que eventualmente resultou na divisão do país em dois.

A língua do homem é uma parte muito pequena do corpo, mas tem um tremendo poder. É muito parecido com uma pequena chama que pode se tornar um grande fogo e causar um grande dano se não for controlada. Por esta razão Tiago 3:6 diz: "A língua também é um fogo; como mundo de iniquidade, a língua está posta entre os nossos membros, e contamina todo o corpo, e inflama o curso da natureza, e é inflamada pelo inferno" Também, Provérbios 18:21 diz: "A morte e a vida estão no poder da língua, e aquele que a ama comerá do seu fruto".

Especialmente, se falamos palavras de ressentimento ou reclamações devido às diferenças de opiniões, elas contêm maus sentimentos, e assim, o diabo e Satanás irão trazer acusações por causa deles. Além disso, apenas guardar queixas e ressentimentos e revelar tais sentimentos exteriormente como palavras e ações são muito diferentes. Segurar um frasco de tinta no bolso é uma coisa, mas abrir a tampa e coloca-lo para fora é outra. Se você coloca-la para fora, irá manchar pessoas ao seu redor, bem como a si mesmo.

Da mesma forma, quando você faz a obra de Deus, você pode reclamar porque algumas coisas não estão de acordo com suas ideias. Em seguida, alguns outros que concordam com suas ideias vão falar da mesma forma. Se o número aumenta para dois e três, torna-se uma sinagoga de Satanás. A paz será quebrada na igreja e o crescimento da igreja para. Portanto, nós sempre temos que ver ouvir e falar apenas coisas boas (Efésios 4:29). Não devemos sequer ouvir as palavras que não são de verdade ou bondade.

Pense sabiamente do ponto de vista dos outros

O que temos que considerar em segundo lugar é um caso em que você não tem nenhum ressentimento contra a outra pessoa, mas essa pessoa está destruindo a paz. Nesse caso, você tem que pensar se é realmente culpa da outra pessoa. Às vezes, você é a causa das razões para os outros perderem a paz sem você perceber.

Você pode ferir os sentimentos dos outros, devido à sua desconsideração ou palavras ou comportamentos imprudentes. Nesse caso, se você continua pensando que não abrigou nenhum ressentimento contra a outra pessoa, você pode não ter paz com essa pessoa nem chegar a uma auto-realização que lhe permite mudar. Você deve ser capaz de verificar se você é realmente um pacificador, mesmo aos olhos de outra pessoa.

Do ponto de vista de um líder, ele poderia pensar que ele esta mantendo a paz, mas seus trabalhadores podem estar tendo um momento difícil. Eles não podem expressar abertamente seus sentimentos aos seus superiores. Eles só podem suportar e ficar feridos por dentro.

Há um episódio famoso sobre o primeiro-ministro Hwang Hee da Dinastia Chosun. Ele viu um fazendeiro que estava arando seu campo com dois touros. O ministro pediu ao fazendeiro em alta voz: "Qual dos dois touros trabalha mais?" O agricultor de repente segurou os braços do ministro e levou-o para um lugar distante. Ele sussurrou em seus ouvidos: "O preto é, às vezes é preguiçoso, mas o amarelo trabalha duro." "Por que você tem que vir até aqui e sussurrar em meus ouvidos para falar sobre os touros?" Hwang Hee perguntou com um sorriso no seu rosto. O fazendeiro respondeu: "Até os animais não gostam quando falamos algo de ruim sobre eles." Diz-se que Hwang Hee, em seguida, percebeu que sua desconsideração.

E se os dois touros entendessem o que o fazendeiro disse? O touro amarelo teria se tornado arrogante, e o touro preto teria tido ciúmes e causaria problemas para o touro amarelo ou ele teria chegado desanimado e trabalhado menos do que antes.

A partir desta história, aprendemos a consideração até mesmo para com os animais, e que devemos ter cuidado para não falar nenhuma palavra ou mostrar quaisquer ações que poderiam mostrar favoritismo. Onde há favoritismo, há inveja e arrogância. Por exemplo, se você elogiar apenas uma pessoa antes de muitas pessoas, ou se você repreender apenas uma pessoa na frente de muitas pessoas, então você está lançando sementes para o surgimento de dissensão. Você deve ser cuidadoso e sábio o suficiente para não causar tais problemas.

Além disso, existem pessoas que sofrem por causa do favoritismo e da discriminação de seus patrões, e ainda quando se tornam chefes, eles discriminam certos indivíduos e mostram favoritismo para com os outros. Mas entendemos que, se você sofreu de tal injustiça, você deve ser cuidadoso em suas palavras e comportamentos para que a paz não seja quebrada.

A verdadeira paz no coração

Outra coisa que você deve pensar quando alcançamos a paz é que a verdadeira paz deve ser alcançada dentro do coração. Mesmo aqueles que não têm paz com Deus ou consigo mesmos podem ter paz com outras pessoas de alguma forma. Muitos cristãos sempre ouvem que não devem romper a paz, para que possam ser capazes de controlar seus sentimentos e não colidir com outras pessoas que têm opiniões diferentes das suas. Mas não ter um conflito externo não significa que eles têm produzido o fruto da paz. O fruto do Espírito não é produzido unicamente no exterior, mas no coração.

Por exemplo, se a outra pessoa não o atende ou reconhece você se sente ressentido, mas não pode expressá-lo externamente. Você pode pensar, 'eu tenho que ter um pouco mais de paciência! e tentar servir a essa pessoa. Mas suponha que a mesma coisa aconteça novamente.

Depois, você pode acumular ressentimento. Você não pode expressar diretamente o ressentimento pensando que só irá prejudicar seu orgulho, mas você pode criticar indiretamente essa pessoa. De alguma forma você pode revelar o seu sentido perseguidor. Às vezes, você não entende os outros e que impede a ter paz com eles. Você simplesmente mantem a boca fechada com medo de brigas se discutirem. Você simplesmente para de falar com essa pessoa olhando para ele pensando: 'Ele é mau e tão auto-insistente que não posso falar com ele. "

Desta forma, você perde a paz exteriormente, mas não tem bons sentimentos em relação a essa pessoa também. Você não concorda com suas opiniões, e pode até sentir que não deseja estar perto dela. Você pode até reclamar, conversando com outras pessoas sobre seus defeitos. Você menciona seus sentimentos desconfortáveis, dizendo: "Ele é realmente mal. Como alguém pode entendê-lo e o que ele fez"! Mas atuar em bondade continua ainda colocar-se com ele. "É claro, que é o melhor para não perder a paz agir desta forma do que quebrar diretamente a paz".

Mas, para ter a verdadeira paz, você tem que servir os outros com o coração. Você não deve suprimir esses sentimentos e ainda que queira ser servido. Você deve ter a vontade de servir e buscar o benefício dos outros.

Você não deve apenas sorrir do lado de fora durante a provação no interior. Você tem que entender os outros do seu ponto de vista. Só então o Espírito Santo trabalha. Mesmo quando eles buscam seu próprio bem, serão movidos em seus corações e mudarão. Quando cada pessoa envolvida tem suas falhas, cada um pode assumir a culpa. Eventualmente, todos terão a verdadeira paz e serão capazes de compartilhar seus corações.

Bênçãos para os pacificadores

Aqueles que têm paz com Deus conseguem mesmos, e com todos, tem autoridade para afastar a escuridão. Assim, eles podem conseguir a paz ao seu redor. Como está escrito em Mateus 5:9, "Bem-aventurados os pacificadores, porque eles serão chamados filhos de Deus", eles têm a autoridade dos filhos de Deus, a autoridade de luz.

Por exemplo, se você é um líder de igreja, pode ajudar os cristãos a produzir o fruto da paz. Ou seja, você pode fornecê-los a Palavra de verdade que tem autoridade e poder, para que eles possam afastar os pecados e quebrar sua justiça própria e estruturas. Quando as sinagogas de Satanás são criadas para alienar as pessoas umas das outras, você pode destruí-los com o poder de sua palavra. Dessa forma, você pode trazer a paz entre diferentes pessoas.

João 12:24 diz: "Em verdade, em verdade vos digo que, se o grão de trigo, caindo na terra, não morrer, fica ele só;. mas, se morrer, dá muito fruto" Jesus se sacrificou e morreu como um grão de trigo e deu inúmeros frutos. Ele perdoou os pecados de inúmeras almas que morrem e deixá-las em paz com Deus. Como resultado, o próprio Senhor se tornou o Rei dos reis e Senhor dos senhores que recebem grande honra e glória.

Podemos ter uma abundante colheita somente quando nos sacrificamos. Deus o Pai quer que Seus filhos amados se sacrifiquem e "morram como o trigo" para dar frutos abundantes, assim como Jesus. Jesus também disse em João 15:08, "Meu Pai é glorificado por isso, que deis muito fruto, e assim serão meus discípulos." Como dito, vamos seguir os desejos do Espírito Santo para produzir o fruto da paz e para levar muitas almas para o caminho da salvação.

Hebreus 12:14 diz: "Segui a paz com todos os homens, e a santificação, sem a qual ninguém verá o Senhor." Mesmo se você está absolutamente certo, se outros estão tendo sentimentos desconfortáveis por sua causa e se houver conflitos, não é certo aos olhos de Deus, e assim, você deve olhar para trás sobre si mesmo. Então, você se tornara uma pessoa santa que não tem as formas do mal e que é capaz de ver o Senhor. Ao fazê-lo, espero que desfrute da autoridade espiritual na Terra de ser chamados filhos de Deus, e ficar a uma posição honrosa no Céu, onde você verá o Senhor o tempo todo.

Contra Estas Coisas Não Há Lei

Tiago 1:4

"Tenha, porém, a paciência a sua obra perfeita, para que sejais perfeitos e completos, sem faltar em coisa alguma."

Capítulo 5

Paciência

Paciência, que não precisa ser paciente
O fruto da paciência
A paciência de pais da fé
Paciência para ir para o reino celestial

Paciência

Então, muitas vezes parece que a felicidade na vida depende de nós podermos ser pacientes ou não. Entre pais e filhos e maridos e mulheres, entre os irmãos e com os amigos, as pessoas fazem coisas de que se arrependerão muito, porque não são pacientes. O sucesso e o fracasso em nossos estudos, trabalho ou empresa podem também depender da nossa paciência. A paciência é um elemento tão importante em nossas vidas.

Paciência espiritual e o que é pensado ser a paciência por pessoas do mundo são decididamente diferentes uns dos outros. As pessoas neste mundo suportam com paciência, mas é paciência carnal. Se eles têm ressentimentos, sofrem tanto tentando suprimi-los. Eles podem até ranger os dentes ou até mesmo parar de comer. Eventualmente, isso leva a problemas de nervosismo ou depressão. No entanto, eles dizem que essas pessoas que podem suprimir bem seus sentimentos mostram grande paciência. Mas esta não é a paciência espiritual afinal.

Paciência, que não precisa ser paciente.

Paciência espiritual não é ser paciente com o mal, mas apenas com a bondade. Se você é paciente com Deus, pode superar as dificuldades com gratidão e esperança. Isto irá te levar a ter um coração mais amplo. Já pelo contrário, se você é paciente com o mal, seus maus sentimentos se acumulam e seu coração será cada vez mais áspero.

Suponha que alguém está te xingando e causando-lhe dor sem causa. Você pode sentir seu orgulho está ferido e até mesmo se sentir vitimado, mas você também pode suprimi-lo pensar que você deve ser paciente de acordo com a Palavra de Deus. Mas o seu rosto fica vermelho, sua respiração se torna mais rápida, e os seus lábios apertar enquanto você tenta controlar seus pensamentos e emoções. Se você suprimir sentimentos dessa forma, eles podem surgir mais tarde, se as coisas piorarem. Tal paciência não é a paciência espiritual.

Se você tiver paciência espiritual, seu coração não será agitado por qualquer coisa. Mesmo se você seja injustamente acusado de alguma coisa, você apenas irá tentar deixar que outras pessoas facilmente pensem que deve haver algum tipo de mal-entendido. Se você tem um coração assim, não precisa "suportar" ou "perdoar" a ninguém. Deixe-me dar um exemplo fácil.

Em uma noite fria de inverno, uma determinada casa tinha as luzes acesas até altas horas. O bebê da casa teve uma febre que ia até 40 ° C (104 ° F). O pai da criança molhou sua camiseta com água fria e segurou o bebê. Quando o pai colocou uma toalha fria sobre o bebê isso o surpreendeu e ele não gostou. Mas o bebê encontrou conforto nos braços de seu pai, apesar de sentir frio com a camiseta por um momento.

Quando a camiseta ficou quente devido à febre do bebê, o pai teria molhá-la novamente com água fria. O pai teve que molhar a camiseta muitas vezes antes do amanhecer. Mas ele não pareceu ter qualquer cansaço. Mas ao contrário, ele estava olhando com olhos amorosos para seu bebê que estava dormindo na segurança de seus braços.

Mesmo que ele tinha passado a noite em claro, não tinha queixas de fome ou cansaço. Ele não tem descanso de pensar em seu próprio corpo. Toda a sua atenção estava voltada para o bebê pensando em como fazer seu filho se sentir melhor e mais confortável. E quando o bebê ficou melhor, ele não pensou em seu próprio trabalho. Quando amamos alguém, nós podemos suportar automaticamente dificuldades e fadigas, e, portanto, nós não precisaremos ser pacientes sobre qualquer coisa. Este é o significado espiritual de "paciência".

O fruto da paciência

Podemos encontrar "paciência" em 1 Coríntios, capítulo 13, o "capítulo do amor", e esta é a paciência para cultivar o amor. Por exemplo, ele diz que o amor não busca seu próprio bem. A fim de dar o buscamos o benefício dos outros em primeiro lugar de acordo com esta palavra, vamos enfrentar as situações que requerem a nossa paciência. A paciência no "capítulo do amor" é a paciência para cultivar o amor.

Mas a paciência que é um dos frutos do Espírito Santo é a paciência em tudo. Esta paciência é um nível mais elevado do que a paciência no amor espiritual. Há dificuldades quando tentamos alcançar um objetivo, se é para o reino de Deus ou santificação pessoal. Haverá luto e fadiga gastas em toda a nossa energia. Mas podemos suportar pacientemente com fé e amor, porque temos a esperança de colher os frutos. Este tipo de paciência é a paciência como um dos frutos do Espírito Santo. Há três aspectos dessa paciência.

A primeira é a paciência para mudar o nosso coração.

Quanto mais maldades tiverem no coração, mais difícil será ser paciente. Se temos medidas de raiva, arrogância, ganância, farisaísmo e estruturas pessoais, teremos temperamentos e ressentimentos que podem surgir sobre os mais triviais assuntos.

Houve um membro da igreja, cuja renda mensal era de cerca de 15.000 dólares, e em um determinado mês o seu rendimento foi muito menor do que o habitual. Em seguida, ele relutantemente se queixou contra Deus. Mais tarde, ele confessou que não estava grato pela riqueza que tinha gozado, porque ele tinha a ganância em seu coração.

Devemos ser gratos por tudo o que Deus nos tem dado, mesmo que não façamos muito dinheiro. Então, a cobiça não irá crescer em nosso coração e seremos capazes de receber as bênçãos de Deus.

Mas à medida que lançamos fora o mal e nos tornamos santificados, torna-se mais fácil e mais fácil ser paciente. Nós podemos suportar em silêncio, mesmo em situações difíceis. Nós podemos compreender e perdoar os outros, sem ter que suprimir qualquer coisa.

Lucas 8:15 diz: "E a que caiu em boa terra, esses são os que, ouvindo a palavra, a conservam num coração honesto e bom, e dão fruto com perseverança" Ou seja, aqueles que têm bom coração como bom solo, podem ser pacientes até darem bons frutos.

No entanto, nós ainda precisamos de resistência e é preciso fazer um esforço para mudar nossos corações para um bom solo. Santidade não pode ser automaticamente alcançada apenas pelo nosso desejo de tê-la. Temos que nos tornar obedientes à verdade orando fervorosamente com todo o nosso coração e com jejuns. Temos que desistir do que uma vez amamos e se algo não é espiritualmente benéfico, temos que lança-lo fora. Não devemos parar no meio ou simplesmente parar de tentar depois de muitas tentativas. Até colher os frutos de santificação completa e até alcançarmos o nosso objetivo, temos que fazer o nosso melhor com autocontrole e agindo pela Palavra de Deus.

O destino final da nossa fé é o reino dos céus, e, especialmente, a mais bela morada, a Nova Jerusalém. Temos que seguir em frente com diligência e paciência até chegarmos ao nosso destino.

Mas, às vezes, vemos casos em que as pessoas experimentam uma desaceleração na velocidade de santificar o coração depois de ter uma vida cristã diligente.

Eles lançaram para longe as obras da carne "rapidamente, porque são os pecados que são vistos no exterior". Mas porque as coisas da carne "não são vistas do lado de fora, o quão rápido o lançar fora se torna lento". Quando eles encontram a mentira em si, eles oram muito para lançá-lo fora, mas eles simplesmente se esquecem de depois de vários dias. Se você quiser remover uma erva daninha completamente, você não apenas arrancara folha, mas tira sua raiz. O mesmo princípio aplica-se a natureza pecaminosa. Você tem que orar e mudar seu coração até o fim, até que você retire a raiz das naturezas pecaminosas.

Quando eu era novo convertido, orei para lançar fora certos pecados, porque eu entendi ao ler a Bíblia que Deus odeia muito os atributos pecaminosos, como ódio, raiva e arrogância. Quando eu decididamente aderi as minhas perspectivas egocêntricas, não podia lançar fora o ódio e maus sentimentos do meu coração. Mas, em oração, Deus me deu a graça de compreender os outros a partir de seus pontos de vista. Todos os meus ressentimentos contra elas se derreteram e meu ódio se foi.

Aprendi a ser paciente, enquanto lançava fora a raiva. Numa situação em que eu estava injustamente acusado, contei em minha mente, "um, dois, três, quatro"... 'e segurei as palavras que queria falar. No início, era difícil manter a calma, mas como eu continuei tentando, minha raiva e irritação, gradualmente, foram embora. Eventualmente, mesmo em uma situação muito provocante de raiva, não tenho nada que venha a minha mente.

Eu acredito que levei cerca de três anos para lançar fora a

arrogância. Quando eu era um novato na fé que nem sabia o que era arrogância, eu só orava para lançá-lo fora. Eu mantive-me atento enquanto orava. Como resultado, fui capaz de respeitar e honrar até mesmo as pessoas que pareciam ser inferiores a mim em muitos aspectos. Mais tarde, eu vim a servir outros pastores companheiros com a mesma atitude se eles estavam em posições de liderança ou apenas recém-ordenados. Depois de pacientemente orar por três anos, eu percebi que eu não tinha todos os atributos de arrogância em mim, e daquele momento em diante eu não tive de orar sobre a arrogância mais.

Se você não arrancar a raiz da natureza pecaminosa, esse atributo particular de pecado irá aparecer em uma situação extrema. Você pode se decepcionar quando percebe que ainda tem as características de um coração mentiroso que pensou já ter lançado fora. Você pode estar desanimado pensando, 'Eu tentei tanto lançá-lo fora, mas ele ainda está lá em mim. '

Você pode encontrar as formas da mentira em você até que retire a raiz original da natureza pecaminosa, mas isso não significa que você não fez progresso espiritual. Quando você descasca uma cebola, pode ver o mesmo tipo de camadas virem novamente e novamente. Mas se você continuar a descascar sem parar, a cebola vai finalmente desaparecer. É a mesma coisa com a natureza pecaminosa. Você não deve desanimar só porque você não a lançou completamente fora. Você tem que ter paciência até o final e continuar a esforçar ainda mais ao olhar para frente para ver a si mesmo mudado.

Algumas outras pessoas desanimam se não receber bênçãos materiais imediatamente após agirem pela Palavra de Deus. Eles acham que não recebem nada em troca, exceto perda quando agem com bondade. Algumas pessoas ainda reclamam que frequentam a igreja com afinco, mas não recebem bênçãos. Claro, não há razões para reclamar. Só que eles não recebem as bênçãos de Deus, porque ainda estão praticando mentiras e não lançaram fora as coisas que Deus nos diz para lançar fora.

O fato de eles reclamarem prova que o foco de sua fé é equivocado. Você não se cansa se agir em bondade e verdade com a fé. Quanto mais você agir com bondade, mais alegre você se torna assim você chegar a tempo para mais das coisas da bondade. Quando você se torna santificado pela fé, desta forma, a sua alma irá prosperar, todas as coisas irão bem com você, e será saudável.

Segundo tipo de paciência é que entre os homens.

Quando você tem interação com pessoas que têm diferentes personalidades e nível educacional, situações diferentes surgem. Especialmente, em uma igreja que é um lugar onde pessoas de uma vasta gama de origens se reúnem. Então, começando com assuntos triviais para assuntos grandes e sérios, você pode ter pensamentos diferentes, e a paz pode ser quebrada também.

Então, as pessoas podem dizer: "Sua maneira de pensar é completamente diferente da minha". É difícil trabalhar com ele porque temos personalidades muito diferentes. "Mas, mesmo entre marido e mulher, quantos casais têm personalidades perfeitamente correspondentes"? Seus hábitos de vida e gostos são diferentes, mas eles têm de se entregar um com o outro para ser condizente com o outro.

Aqueles que anseiam por santificação serão pacientes em qualquer tipo de situação com qualquer tipo de pessoa e guardarão a paz. Mesmo em algumas situações difíceis e desconfortáveis, eles tentam se entender com os outros. Eles sempre entendem os outros com bom coração e suportam, enquanto buscam o benefício dos outros. Mesmo quando esses agem com o mal, eles simplesmente os suportam. Eles pagam esse mal apenas com bondade, e não com o mal.

Nós também temos que ser pacientes quando evangelizamos ou aconselhamos as almas, ou quando treinamos obreiros da igreja na busca do reino de Deus. Enquanto fazia o ministério pastoral, via algumas pessoas cujas mudanças ocorriam muito lentamente. Quando fazem amizade com o mundo e desonram a Deus, derramei muitas lágrimas e lamento, mas eu nunca desisti de ter eles ao meu lado. Eu sempre os suportava, pois tenho a esperança de que um dia irão mudar.

Quando eu levanto obreiros da igreja, tenho que ser paciente por um longo tempo. Eu não posso simplesmente direcionar todos os subordinados ou forçá-los a fazer o que eu quero. Mesmo que eu saiba que as coisas serão realizadas um pouco mais devagar, não posso tirar a autoridade dos obreiros da igreja, dizendo: "Você não é suficiente capaz". Você está demitido. "Eu só tenho que dar suporte e guiá-los até que se tornem capazes". Eu vou esperar por cinco, dez, ou quinze anos, até que possam ter a capacidade de cumprir os seus deveres através da formação espiritual.

Não apenas quando não produzem nenhum fruto, mas também quando fazem coisas erradas, persevero com eles para que eles não tropecem. Pode ser mais fácil se outra pessoa que tem a capacidade só faz isso para eles, ou se essa pessoa é substituída por alguém que é mais capaz. Mas a razão pela qual eu os sustento até o fim é pelas almas. É também para aperfeiçoar o reino de Deus de forma mais completa.

Se você semear a semente da paciência, desta forma, certamente adquira o fruto de acordo com a justiça de Deus. Por exemplo, se você suportar com algumas almas até que eles mudem, orando por eles, com lágrimas, terá o coração grande para abrigar todos eles. Então, receberá a autoridade e o poder de reviver muitas almas. Você terá o poder de mudar as almas que abriga em seu coração através da oração de um justo. Além disso, se você controlar o seu coração e semear a semente da resistência, mesmo diante de acusações falsas, Deus vai deixar que você colha os frutos de bênçãos.

Em terceiro lugar está a paciência em nossa relação com Deus.

Refere-se à paciência que você deve ter até receber a resposta à sua oração. Marcos 11:24 diz: "Por isso vos digo que todas as coisas que pedirdes, orando, crede receber, e tê-las-eis" Podemos acreditar em todas as palavras nos sessenta e seis livros de a Bíblia, se tivermos fé. Há promessas de Deus que receberemos o que pedimos, e, portanto, podemos alcançar qualquer coisa com oração.

Mas, claro, isso não significa que nós apenas oramos e não fazemos nada. Temos que praticar a Palavra de Deus de uma forma que sejamos capazes de receber a resposta. Por exemplo, um aluno cujas notas são classificadas como medianas em sua classe e ora para se tornar o melhor aluno. Mas ele dorme em suas aulas e não estuda. Será que ele será capaz de se tornar um dos melhores da sua classe? Ele tem que estudar muito enquanto ora para que Deus possa ajudá-lo a tornar-se o primeiro de sua classe.

O mesmo vale ao fazer negócios. Você deve orar intensamente para o seu negócio prosperar, mas o seu objetivo é ter outra casa, investir em imóveis, e ter um carro luxuoso. Você seria capaz de receber a resposta à sua oração? É claro que Deus quer que Seus filhos a vivam uma vida em abundância, mas Deus não se alegra com as orações que pedem coisas pela ganância. Mas se você quiser receber bênçãos para ajudar os necessitados e apoiar os trabalhos missionários, e se você seguir o caminho certo, sem fazer nada ilegal, Deus certamente irá levá-lo para o caminho de bênçãos.

Existem muitas promessas na Bíblia em que Deus responde as orações de Seus filhos. Mas, em muitos casos, as pessoas não recebem as suas respostas, porque não é paciente o bastante. Os homens podem pedir uma resposta imediata, mas Deus não pode respondê-las imediatamente.

Deus os responde no momento mais adequado e oportuno, porque Ele sabe tudo. Se o assunto de seu pedido de oração for algo grande e importante, Deus pode respondê-lo apenas quando a quantidade de oração estiver em sua plenitude. Quando Daniel orou para receber a revelação das coisas espirituais, Deus enviou o seu anjo, para responder a essa oração, logo que Daniel começou a orar. Mas foi preciso um período de 21 dias antes de Daniel, na verdade, se reunir com o anjo. Pelos 21 dias Daniel continuou orando com o mesmo coração sincero, de como quando começou a orar. Se realmente acreditamos que já foi dado alguma coisa, então não é difícil esperar para recebê-lo. Nós só pensaremos sobre a alegria que teremos quando realmente recebermos as soluções do problema.

Alguns cristãos não podem esperar até que eles recebam o que pediram a Deus em oração. Eles podem orar e jejuar pedindo a Deus, mas se a resposta não é rápida o suficiente, eles simplesmente desistem e pensam que Deus não vai respondê-los.

Se realmente acreditamos e oramos, não nos tornaríamos desanimados ou desistiríamos. Nós não sabemos quando a resposta virá: amanhã, hoje à noite, após a próxima oração, ou após um ano.

Deus sabe o momento perfeito para nos dar a resposta.
Tiago 1:6-8 diz: "Peça-a, porém, com fé, em nada duvidando; porque o que duvida é semelhante à onda do mar, que é levada pelo vento, e lançada de uma para outra parte. Não pense tal homem que receberá do Senhor alguma coisa. O homem de coração dobre é inconstante em todos os seus caminhos.".

A única coisa importante é a forma como nós acreditamos firmemente quando oramos. Se nós realmente acreditamos que já recebemos uma resposta, podemos ser felizes e alegres em qualquer tipo de situação. Se tivermos a fé para receber a resposta, vamos orar e agir com fé até que o fruto seja dado em nossas mãos. Além disso, quando passamos por aflições do coração ou perseguições ao fazer a obra de Deus, produziremos frutos de bondade só pela paciência.

A paciência dos pais da fé

Poderiam existir momentos difíceis durante a execução de uma maratona. E a alegria de terminar o percurso, depois de superar esses momentos difíceis seria tão maravilhoso que só pode ser compreendido por aqueles que já passaram por isso. Os filhos de Deus que correm a corrida da fé também podem enfrentar dificuldades ao longo do tempo, mas eles podem superar qualquer coisa, observando a Jesus Cristo. Deus vai dar-lhes Sua graça e força, e o Espírito Santo também irá ajudá-los.

Hebreus 12:1-2 diz: "Portanto nós também, pois que estamos rodeados de uma tão grande nuvem de testemunhas, deixemos todo o embaraço, e o pecado que tão de perto nos rodeia, e corramos com paciência a carreira que nos está proposta,
Olhando para Jesus, autor e consumador da fé, o qual, pelo gozo que lhe estava proposto, suportou a cruz, desprezando a afronta, e

assentou-se à destra do trono de Deus". Jesus sofreu uma grande dose de desprezo e zombarias de suas criaturas até que ele cumpriu a providência de salvação. Mas porque ele sabia que estava indo sentar-se à destra do trono de Deus e que esta salvação seria dada para a humanidade, ele suportou até o fim sem pensar na vergonha física. Afinal, Ele morreu na cruz levando os pecados da humanidade, mas ele ressuscitou no terceiro dia para abrir o caminho da salvação. Deus estabeleceu Jesus como o Rei dos reis e Senhor dos senhores porque ele obedeceu até a morte com amor e fé.

Jacó era neto de Abraão e ele se tornou o pai da nação de Israel. Ele tinha um coração persistente. Ele tomou a primogenitura de seu irmão Esaú, enganando-o, e fugiu para Haran. Ele recebeu a promessa de Deus em Betel.

Gênesis 28:13-15 diz: "... a terra em que estás deitado, eu a darei a ti e à tua descendência. Seus descendentes também será como o pó da terra, e você vai espalhar-se para o oeste e para o leste e para o norte e para o sul, e em ti e na tua descendência serão todas as famílias da terra serão abençoadas. Eis que eu estou contigo, e te guardarei por onde quer que você vá, e irá trazer de volta a esta terra. Porque eu não te deixarei até que eu tenha feito o que eu lhe prometi "Jacó resistiu por vinte anos suas provações e, eventualmente, tornou-se o pai de todos os filhos de Israel.

José era o décimo primeiro filho de Jacó, e ele recebeu todo o amor de seu pai dentre outros irmãos. Um dia, ele foi vendido como escravo para o Egito pelas mãos de seus próprios irmãos. Ele tornou-se um escravo em um país estrangeiro, mas não estava desanimado. Ele fez o seu melhor no seu trabalho e foi reconhecido por seu mestre por sua fidelidade. Sua situação ficou melhor ao cuidar de todos os assuntos da casa de seu senhor, mas ele foi injustamente acusado e colocado em uma prisão política. Foi uma prova após outra.

Claro, todos os estágios foram a graça de Deus em um processo para prepará-lo para tornar-se o primeiro-ministro do Egito. Mas ninguém sabia, exceto Deus. Ainda assim, José não estava desanimado, mesmo na prisão, porque ele tinha fé e acreditava que a promessa de Deus dada a ele em sua infância. Ele acreditava que Deus iria cumprir o seu sonho em que o sol e a lua, e onze estrelas no céu curvaram-se a ele, e ele não foi influenciado em qualquer situação. Ele confiou em Deus completamente, e ele suportou em todos os assuntos e seguiu o caminho certo de acordo com a Palavra de Deus. Sua fé era a verdadeira fé.

E se você estivesse na mesma situação? Você pode imaginar o que ele sentiu por 13 anos desde o dia em que ele foi vendido como escravo? Você provavelmente ira orar muito diante de Deus pedindo uma saída para essa situação. Você provavelmente irá sondar-se e arrepender-se de todas as coisas que você pode pensar, a fim de receber a resposta de Deus. Você também vai pedir a graça de Deus com muitas lágrimas e palavras sinceras. E se você não obtiver a resposta em um ano, dois anos, e até dez anos, mas somente entra em situações mais difíceis, como você se sentiria?

Ele foi preso durante os anos mais vigorosos de sua vida e como ele viu que os dias passam sem sentido ele poderia ter se sentido tão miserável, se não tivesse tido a fé que ele tinha. Se ele tivesse pensado em sua vida boa na casa de seu pai, ele teria se sentido ainda mais miserável. Mas José sempre confiou em Deus, que estava observando-o, e ele acreditava firmemente no amor de Deus, que dá o melhor no momento certo. Ele nunca perdeu a esperança, mesmo em provações deprimentes, e ele agiu com fidelidade e bondade sendo paciente até que finalmente o seu sonho se tornou realidade.

David também foi reconhecido por Deus como um homem segundo seu coração. Mas, mesmo depois que ele foi ungido como o próximo rei, teve que passar por muitas provações inclusive sendo perseguido pelo rei Saul. Ele tinha muitas situações em que quase morreu. Mas, suportando todas as dificuldades com fé, ele se tornou um grande rei que foi capaz de governar sobre todo o Israel.

Tiago 1:3-4 diz: ""... sabendo que a prova da sua fé produz perseverança. E a perseverança tenha a sua obra perfeita, para que sejais perfeitos e completos, não faltando em coisa alguma. "Exorto-vos a cultivar essa paciência plena". Essa paciência irá aumentar sua fé e ampliar e aprofundar o seu coração para torná-lo mais maduro. Você vai experimentar as bênçãos e respostas de Deus que ele prometeu se adquirir completamente a paciência (Hebreus 10:36).

Paciência para ir para o reino celestial

Precisamos de paciência para ir para o reino celestial. Alguns dizem que vão desfrutar do mundo quando são jovens e começar a frequentar a igreja depois que eles ficarem velhos. Alguns outros levam uma vida diligente da fé na esperança da vinda do Senhor, mas, em seguida, perdem a paciência e mudam suas mentes. Porque o Senhor não vem tão rapidamente quanto eles esperam, eles acham muito difíceis continuar a serem diligentes na fé. Eles dizem que descansar em circuncidar o seu coração e fazer a obra de Deus, e quando puderam ter certeza de ver o sinal da vinda do Senhor, então eles tentarão com mais empenho.

Mas ninguém sabe quando Deus irá chamar nosso espírito, ou quando o Senhor virá. Mesmo se pudéssemos saber esse tempo com antecedência, não poderíamos ter fé, tanto quanto nós queremos. Os homens não podem apenas ter a fé espiritual para receber a salvação como querem. Ela é dada somente pela graça de Deus. O diabo inimigo e Satanás não irão deixá-los receber a salvação tão facilmente. Além disso, se você tem a esperança de ir para Nova Jerusalém no céu, você pode fazer tudo com paciência.

Salmos 126:5-6 diz: "Os que semeiam em lágrimas segarão com alegria. Aquele que leva a preciosa semente, andando e chorando, voltará, sem dúvida, com alegria, trazendo consigo os seus molhos" Nossos esforços devem ser, lágrimas e lamento enquanto semeamos as sementes e cultivamos. Às vezes, a chuva necessária pode não vir, ou pode haver furacões ou excesso de chuva danificando as colheitas. Mas no fim de tudo, nós certamente teremos a alegria da colheita abundante de acordo com as regras da justiça.

Deus espera mil anos como um dia para adquirir verdadeiros filhos e ele suportou com a dor de dar o seu filho unigênito por nós. O Senhor suportou o sofrimento da cruz, e o Espírito Santo também com gemidos inexprimíveis durante a época de cultivo humano. Eu espero que você cultive por completo, paciência espiritual, lembrando-se deste amor de Deus, de modo que você terá frutos de bênçãos tanto nesta terra como no céu.

Lucas 6:36

"Sede misericordiosos como também vosso Pai é misericordioso."

Contra Estas Coisas Não Há Lei

Capítulo 6

Bondade

Entender e perdoar os outros com o fruto da bondade
A necessidade de ter o coração e obras como as do Senhor
Rejeitando prejuízo de ter bondade
Misericórdia para aqueles em dificuldades
Não facilmente apontar os defeitos dos outros
Seja generoso com todo mundo
Atributo de honra a outros

Bondade

Às vezes as pessoas dizem que não conseguem entender uma determinada pessoa, mesmo que tentem entendê-la, ou que, apesar de terem tentado perdoar uma pessoa, são incapazes de perdoa-la. Mas se nós tivermos o fruto da bondade em nosso coração, não há nada que não possamos entender e não há ninguém a que não possamos perdoar. Nós seremos capazes de entender qualquer tipo de pessoa com bondade e aceitar qualquer tipo de pessoa com amor. Não diríamos que gostamos de uma pessoa por causa de uma razão especifica e não gostamos de outra pessoa por outro motivo. Não deixaríamos de gostar nem odiar ninguém. Nós não estaríamos em más condições ou ressentimentos contra ninguém não mencionando ter inimigos.

Entender e perdoar os outros com o fruto da bondade

A bondade é a qualidade ou estado de ser amável. Mas o significado espiritual da bondade é um pouco mais que misericórdia. E, o significado espiritual da misericórdia é "entender na verdade, mesmo aqueles que não podem ser entendidos em todos os homens." É também o coração que é capaz de perdoar em verdade, mesmo aqueles que não podem ser perdoados pelos homens. Deus mostra compaixão para com a humanidade com o coração de misericórdia.

Salmo 130:3 diz: "Se tu, Senhor, observares as iniquidades, Senhor, quem subsistirá?" Como escrito, se Deus não tiver misericórdia e nos julgar de acordo com a justiça, ninguém seria capaz de estar diante de Deus. Mas Deus perdoou e aceitou até mesmo aqueles que poderiam nem ser perdoados nem aceitos se a justiça é aplicada rigorosamente. Além disso, Deus deu a vida de Seu Filho unigênito para salvar esses homens da morte eterna.

Desde que nos tornamos filhos de Deus crendo no Senhor, Deus quer que cultivemos esse coração de misericórdia. Por esta razão, Deus diz em Lucas 6:36, "Sede misericordiosos, como também vosso Pai é misericordioso.".

Esta misericórdia é um pouco semelhante ao amor, mas também é diferente de várias maneiras. O amor espiritual é ser capaz de sacrificar-se pelos outros, sem colocar preço sobre ele, enquanto a misericórdia é mais do perdão e aceitação. Ou seja, é ser capaz de aceitar e abraçar tudo de uma pessoa não a entendendo mal ou odiando-a, mesmo que não seja digno de receber qualquer amor.

Você não odeia ou evitar alguém só porque suas opiniões são diferentes das suas próprias, mas em vez disso você pode se tornar força e conforto para ele. Se você tem o coração contrito em aceitar os outros, você não iria revelar suas iniquidades e injustiças, mas cobri-las e aceitá-las de modo que possa ter uma bela relação com eles.

Houve um evento que revelou este coração de misericórdia muito vividamente. Um dia, Jesus orou a noite no Monte das Oliveiras e veio ao Templo da manhã. Muitas pessoas se reuniram enquanto ele sentou-se e levantou-se uma comoção quando Ele estava pregando a Palavra de Deus. Havia alguns escribas e fariseus dentre a multidão que trouxe uma mulher diante de Jesus. Ela estava tremendo de medo.

Eles disseram a Jesus que a mulher foi apanhada no ato de adultério, e perguntou o que ele faria com ela desde que a Lei diz uma mulher deve ser apedrejada até a morte. Se Jesus disse-lhes para apedrejá-la, não estava de acordo com os Seus ensinamentos, dizendo: "Amai os vossos inimigos." Mas, se Ele lhes dissesse para perdoá-la, violaria a lei. Parecia que Jesus foi colocado em uma situação muito difícil. Jesus, no entanto, só escreveu algo no chão e disse como registrado em João 8:07, "Aquele que estiver sem pecado entre vós, que seja o primeiro a atirar uma pedra contra ela." As pessoas tinham dores de consciência e o deixaram um por um. Eventualmente, restavam apenas Jesus e a mulher.

Em João 8:11 Jesus disse-lhe: "Eu não te condeno, também". Vai. De agora em diante não peques mais. "Dizendo: "Eu não te condeno", significa que Ele perdoou". Jesus perdoou uma mulher que não podia ser perdoada e deu-lhe a oportunidade de se converter dos seus pecados. Este é o coração da misericórdia.

A necessidade de ter o coração e obras como as do Senhor

Misericórdia é realmente perdoar e amar até mesmo os inimigos. Assim como uma mãe cuida de seu bebê recém-nascido, gostaríamos de aceitar e abraçar a todos. Mesmo quando as pessoas têm grandes falhas ou cometeram pecados graves, iremos primeiro ter misericórdia em vez de julgar e os condena-los. Iremos odiar os pecados, mas não o pecador entenderá a pessoa e tentaremos deixá-la viver.

Suponha que haja uma criança com um corpo muito frágil que fica doente com frequência. Como a mãe se sente em relação a esta criança? Ela não quer saber por que ele nasceu assim e por que ele deu a ela tanta dificuldade. Ela não irá odiar a criança por causa disso. Ela prefere ter mais amor e compaixão para com ele do que outras crianças que são saudáveis.

Havia uma mãe cujo filho era retardado mental. Até que ele chegou à idade de vinte anos da sua idade mental era a de uma criança de dois anos de idade, e a mãe não conseguia tirar os olhos dele. No entanto, ela nunca pensou que era difícil cuidar de seu filho. Ela simplesmente sentiu simpatia e compaixão por seu filho enquanto cuidava ele. Se tivermos este tipo de fruto da misericórdia por completo, teremos misericórdia e não apenas para os nossos próprios filhos, mas para todos.

Jesus pregou o evangelho do reino dos céus durante seu ministério público. Seus principais ouvintes não eram os ricos e poderosos, mas aqueles que eram pobres, negligenciados, ou aqueles a quem as pessoas consideravam pecadores, como coletores de impostos ou prostitutas.

Foi o mesmo quando Jesus escolheu os discípulos. As pessoas podem pensar que seria sábio escolher os discípulos daqueles que estavam completamente familiarizados com a Lei de Deus, porque seria mais fácil ensinar-lhes a Palavra. Mas Jesus não escolheu essas pessoas. Como Seus discípulos, ele escolheu Mateus, que era cobrador de impostos, e Pedro, André, Tiago e João, que eram pescadores.

Jesus também curou vários tipos de doenças. Um dia, Ele curou uma pessoa que estava doente há 38 anos e esperando o movimento das águas no tanque de Betesda. Ele estava vivendo em dor, sem ter qualquer esperança de vida, mas ninguém prestou atenção nele. Mas Jesus veio até ele e lhe perguntou: "Você deseja ser curado?" E o curou.

Jesus também curou uma mulher que tinha sido hemorragia por doze anos. Ele abriu os olhos de Bartimeu, que era um mendigo cego (Mateus 9:20-22, Marcos 10:46-52). Em seu caminho para uma cidade chamada Naim, viu uma viúva cujo único filho havia morrido. Ele teve pena dela e reviveu seu filho morto (Lucas 7:11-15). Além destes, Ele cuidou daqueles que foram oprimidos. Ele se tornou amigo de negligenciadores como cobradores de impostos e pecadores.

Algumas pessoas criticaram por ele estar comendo com os pecadores, dizendo: "Por que o seu mestre esta comendo com os publicanos e pecadores?" (Mateus 9:11) Mas quando Jesus ouviu isso Ele disse: "Jesus, porém, ouvindo, disse-lhes: Não necessitam de médico os sãos, mas, sim, os doentes. Ide, porém, e aprendei o que significa: Misericórdia quero, e não sacrifício. Porque eu não vim a chamar os justos, mas os pecadores, ao arrependimento" (Mateus 9:12-13). Ele nos ensinou sobre o coração de compaixão e misericórdia para os pecadores e os doentes.

Jesus não veio somente para os ricos e os justos, mas, principalmente, para os pobres e os enfermos, e os pecadores. Podemos produzir rapidamente o fruto da misericórdia quando tivermos este coração e as ações de Jesus. Agora, vamos aprofundar no que devemos fazer especificamente para produzir o fruto da misericórdia.

Lançando fora a parcialidade para ter bondade

As pessoas do mundo julgam as pessoas pelas aparências. Suas atitudes para com as pessoas mudam, dependendo se os veem como ricos ou famosos. Os filhos de Deus não devem julgar as pessoas por sua aparência ou mudar suas atitudes do coração apenas por causa da aparência. Temos de considerar as crianças, mesmo pequenas ou aqueles que parecem ser inferiores como melhores do que nós mesmos e servi-los com o coração do Senhor.

Tiago 2:1-4 diz: "Meus irmãos, não tenhais a fé de nosso Senhor Jesus Cristo, Senhor da glória, em acepção de pessoas. Porque, se no vosso ajuntamento entrar algum homem com anel de ouro no dedo, com trajes preciosos, e entrar também algum pobre com sórdido traje, E atentardes para o que traz o traje precioso, e lhe disserdes: Assenta-te tu aqui num lugar de honra, e disserdes ao pobre: Tu ficas aí em pé, ou assenta-te abaixo do meu estrado, Porventura não fizestes distinção entre vós mesmos, e não vos fizestes juízes de maus pensamentos?".

Além disso, 1 Pedro 1:17 diz: "se invocais por Pai aquele que, sem acepção de pessoas, julga segundo a obra de cada um, andai em temor, durante o tempo da vossa peregrinação".

Se produzirmos o fruto da misericórdia, não julgaremos ou condenaremos os outros por suas aparências. Também devemos verificar se temos prejudicado ou favorecido em um sentido espiritual. Existem algumas pessoas que são lentas para compreender assuntos espirituais. Alguns outros têm algumas deficiências do corpo, então eles falam ou fazem algumas coisas que estão fora de contexto em determinadas situações. Outros ainda agem de uma maneira que não está de acordo com as maneiras do Senhor.

Quando você vê ou interagi com essas pessoas, não se senti um pouco frustrado? Você não olhou para baixo porque queria evitá-los de alguma forma? Você já causou outros constrangimentos com suas palavras ou atitudes agressivas?

Além disso, algumas pessoas falam sobre condenar outra pessoa como se estivessem no assento do juiz quando essa pessoa cometeu um pecado. Quando uma mulher que havia cometido adultério foi trazida para Jesus, muitas pessoas apontavam o dedo para ela em julgamento e condenação. Mas Jesus não a condenou, mas deu-lhe uma chance de salvação. Se você tem tal coração de misericórdia, então terá compaixão por aqueles que estão recebendo punições por seus pecados, e terá esperança de que eles vão superar.

Misericórdia para aqueles em dificuldades

Se formos misericordiosos, teremos compaixão daqueles que estão em dificuldades e nos alegraremos em ajudá-los. Não vamos apenas sentir pena em nossos corações por eles e dizer: "Tenha coragem e seja forte!" Apenas com nossos lábios. Vamos realmente dar algum tipo de ajuda a eles.

1 João 3:17-18 diz: "Mas aquele que tiver bens deste mundo e vir o seu irmão em necessidade e lhe fecha o coração contra ele, como é que o amor de Deus permanece nele? Filhinhos não amem de palavra, nem de língua, mas de fato e de verdade. "Além disso", Tiago 2:15-16 diz: "Se um irmão ou uma irmã estiverem nus e tiverem falta de mantimento cotidiano, e algum de vós diz-lhes: 'Ide em paz, ser aquecido e ser preenchida', e ainda assim você não dar-lhes o que é necessário para o seu corpo, para que serve isso"?".

Você não deve pensar: "É uma pena que ele está morrendo de fome, mas eu realmente não posso fazer nada, porque só tenho o suficiente para mim." Se você realmente sente pena com um coração verdadeiro, você pode compartilhar ou até mesmo dar a sua parcela. Se alguém acha que sua situação não permite a ele ajudar qualquer outra pessoa, então é muito improvável que ele irá ajudar os outros, mesmo que ele se torne rico.

Isso não diz respeito apenas coisas materiais. Quando você vê alguém que está sofrendo de qualquer tipo de problema, você deve querer ajudar e partilhar a dor com essa pessoa. Isso é misericórdia. Especialmente, você deve cuidar daqueles que estão caindo no inferno porque não acreditam no Senhor. Você vai tentar o seu melhor para levá-los para o caminho da salvação.

Na Igreja Central Manmin, desde a sua abertura, tem havido grandes obras do poder de Deus. Mas eu ainda pedia maior poder e dediquei toda a minha vida para manifestação desse poder. Isso porque eu tinha sofrido de pobreza, e experimentei a dor de perder a esperança por causa da doença. Quando vejo aquelas pessoas que sofrem com esses problemas, eu sinto a sua dor como a minha dor, e eu quero ajudá-los no melhor que posso.

É o meu desejo de resolver os seus problemas e resgatá-los dos castigos do inferno e levá-los para o céu. Mas como posso eu sozinho ajudar tantas pessoas? A resposta que recebi para isso é o poder de Deus. Mesmo que eu não possa resolver todos os problemas da pobreza, doenças, e tantas outras coisas de todas as pessoas, eu posso ajudá-los a conhecer e experimentar a Deus. É por isso que eu estou tentando manifestar um maior poder de Deus, para que mais pessoas possam conhecer e experimentar Deus.

É claro, mostrar o poder não é o final do processo de salvação. Mesmo que venhamos a ter fé, vendo o poder, temos que cuidar deles fisicamente e espiritualmente, até que se firme na fé. É por isso que eu fiz o meu melhor para prestar ajuda aos necessitados, mesmo quando a nossa própria igreja tinha dificuldades financeiras. Foi para que pudessem marchar em direção ao Céu, com mais força. Provérbios 19h17min diz: "Aquele que é gracioso para um homem pobre empresta ao Senhor, e Ele irá recompensá-lo por sua boa ação." Se você tiver cuidado das almas com o coração do Senhor, Deus certamente lhe retribuirá com suas bênçãos.

Não aponte facilmente os defeitos dos outros

Se amamos alguém, às vezes temos que dar conselhos ou repreendê-los. Se os pais não repreendem seus filhos, mas os perdoa o tempo todo só porque eles amam os seus filhos, os filhos serão mimados. Mas se tivermos misericórdia não podemos facilmente punir, repreender ou apontar defeitos. Quando acabamos de dar uma palavra de conselho, vamos fazê-lo com a mente em oração e carinho para o coração dessa pessoa. Provérbios 12:18 diz: "Existe aquele que fala precipitadamente como os golpes de uma espada, mas a língua dos sábios traz a cura." Pastores e líderes, em particular, que estão ensinando os cristãos devem manter estas palavras em mente.

Você pode facilmente dizer: "Você tem um coração mentiroso, e isso não agrada a Deus". Você tem esse e esse defeito, e você não é amado pelos outros por causa dessas coisas. "Mesmo se o que você diz for verdade, se você apontar falhas dentro de sua justiça própria ou estruturas sem amor, isso não traz vida". As pessoas não irão mudar como resultado do conselho, na verdade, irão ferir seus sentimentos e eles se tornarão desanimados e perderão força.

Às vezes, alguns membros da igreja me pedem para apontar suas falhas para que eles possam percebê-las e depois mudarem a si mesmos. Eles dizem que querem compreender os seus defeitos e mudarem. Então, se eu com muito cuidado começar a dizer alguma coisa, eles interrompem as minhas palavras para explicam seus pontos de vista, então eu realmente não posso os aconselhar. Dar um conselho não é uma coisa fácil em qualquer maneira. Para esse momento, eles podem aceitá-lo com gratidão, mas se perdem a plenitude do Espírito, ninguém sabe o que vai acontecer em seus corações.

Às vezes, eu tenho que apontar as coisas a fim de aperfeiçoar o reino de Deus ou para permitir que as pessoas recebam a solução para os seus problemas. Eu vejo o humor em seus rostos com a mente em oração, esperando que eles não se sintam ofendidos ou desanimados.

Claro que, quando Jesus repreendeu os fariseus e os escribas com palavras fortes, eles não foram capazes de aceitar o seu conselho. Jesus estava lhes dando uma chance para que mesmo apenas um deles pudesse ouvi-lo e se arrependesse. Além disso, porque eles eram os mestres do povo, Jesus queria que as pessoas chegassem a entender e não se deixassem enganar por sua hipocrisia. Além desses casos especiais, você não deve falar palavras que possam ofender os sentimentos dos outros ou descobrir suas maldades para que eles tropecem. Quando você tem que dar conselhos porque é absolutamente necessário, deve fazê-lo com amor, pensando do ponto de vista do outro e com cuidado para com aquela alma.

Seja generoso com todos

A maioria das pessoas pode dar generosamente o que têm em certa medida para as pessoas que elas amam. Mesmo aqueles que são mesquinhos podem emprestar ou dar presentes aos outros, se sabem que podem receber algo em troca. Em Lucas 6:32 diz: "Se amais os que vos amam, que mérito há nisso"? Porque até os pecadores amam aqueles que os amam. "Nós podemos produzir o fruto da misericórdia quando podemos dar de nós mesmos sem querer nada em troca".

Jesus sabia desde o início que Judas iria traí-lo, mas Ele o tratou da mesma forma Ele tratava os outros discípulos. Ele lhe deu muitas chances para que ele pudesse vir a arrepender-se. Mesmo quando estava sendo crucificado, Jesus orou por aqueles que o estavam crucificando. Lucas 23:34 diz: "Pai, perdoa-lhes, porque não sabem o que estão fazendo" Esta é a misericórdia com a qual podemos perdoar até mesmo aqueles que não podem ser perdoados afinal.

No livro de Atos, podemos encontrar que Estevão também tinha este fruto da misericórdia. Ele não era um apóstolo, mas ele estava cheio de graça e poder de Deus. Grandes sinais e prodígios aconteceram por meio dele. Aqueles que não gostavam desse fato tentaram argumentar com ele, mas quando ele respondeu com a sabedoria de Deus no Espírito Santo, eles não poderiam contra argumentar. É dito que as pessoas que viram o seu rosto, era como o de um anjo (Atos 6:15).

Os judeus tinham dores de consciência ouvindo o sermão de Estevão, e, eventualmente, o levaram para fora da cidade e o apedrejaram até a morte. Mesmo quando ele estava morrendo, ele orou por aqueles que estavam jogando pedras contra ele, dizendo: "Senhor, não imputes este pecado deles!" (Atos 7:60) Isso nos mostra que ele já tinha perdoado. Ele não tinha nenhum ódio contra eles, mas ele só tinha o fruto da misericórdia tendo compaixão deles. Estevão poderia manifestar essas grandes obras, porque ele tinha tal coração.

Então, o quão bom você tem cultivado esse tipo de coração? Ainda existe alguém que você não gosta ou alguém que não está bem com você? Você deve ser capaz de aceitar e abraçar os outros, apesar de suas características e opiniões não estão de acordo com o seu. Você deve primeiro pensar do ponto de vista da pessoa. Então, você pode mudar os sentimentos de antipatia para com essa pessoa.

Se você acabou de pensar: 'Por que diabos ele faz isso? Eu simplesmente não consigo entendê-lo ', então, você só tem ressentimentos e você terá sentimentos desconfortáveis quando vê-lo. Mas se você pensar: 'Ah, na sua posição, ele pode agir dessa maneira', então, você muda os sentimentos de antipatia. Agora, você, terá misericórdia por aquela pessoa que não pode deixar de fazer isso, e você irá orar por ele.

Enquanto você muda seus pensamentos e sentimentos desta forma, poderá retirar o ódio e outros sentimentos maus, um por um. Se você mantiver a sensação de que você quer insistir em sua teimosia, deixa de aceitar os outros. Nem você pode retirar o ódio ou rancor em você. Você deve lançar fora sua justiça própria e mudar seus pensamentos e sentimentos para que você possa aceitar e servir a qualquer tipo de pessoa.

Atribua a honra para outros

A fim de produzir o fruto da misericórdia, devemos dar a honra a outras pessoas quando algo é bem feito, e devemos aceitar a culpa quando algo dá errado. Quando a outra pessoa recebe todo o reconhecimento e é mais elogiado, mesmo que trabalharam juntos, você ainda pode se alegrar com ele como se fosse a sua própria felicidade. Você não terá qualquer desconforto em pensar que você fez mais do trabalho e que a pessoa foi elogiada mesmo que ela tenha muitos problemas. Você só terá pensamentos de gratidão e que ele possa ter mais confiança e trabalhar ainda mais depois de ter sido elogiado por outros.

Se a mãe faz algo com seu filho, e só a criança recebe a recompensa, o que a mãe sente? Não deve existir nenhuma mãe que se queixa dizendo que ajudou a criança a fazer o trabalho de forma correta e não obteve qualquer recompensa. Além disso, é bom para uma mãe ouvir de outros que ela é linda, mas ela ficaria mais feliz se as pessoas dissessem que sua filha é linda.

Se tivermos o fruto da misericórdia, podemos colocar qualquer outra pessoa à nossa frente e atribuir o mérito a ela. E iremos juntos regozijar com ele, como se nós mesmos fossemos elogiados. Misericórdia é a característica de Deus, o Pai, que está cheio de compaixão e amor. Não só a misericórdia, mas cada um dos frutos do Espírito Santo é também o coração do Deus perfeito. Amor, alegria, paz, paciência, e todos os outros frutos são os diferentes aspectos do coração de Deus.

Portanto, para colher os frutos do Espírito Santo significa que temos de nos esforçar para em o coração de Deus em nós e sermos perfeitos como Deus é perfeito. Quanto mais maduros os frutos espirituais tornam-se você, mais belo se tornará, e Deus não será capaz de conter o seu amor por você. Ele se deleitará em ti dizendo que somos seus filhos e filhas que se assemelham muito dele. Se você se tornar filho de Deus que lhe agrada, pode receber qualquer coisa que pedir em oração, e mesmo as coisas que você acabou de colocar em seu coração, Deus os conhece e te responde. Espero que todos colham os frutos do Espírito Santo de forma completa e agradem a Deus em todas as coisas, de modo que irão ser repletos de bênçãos e desfrutarão de grande honra no reino dos céus, como crianças que tão perfeitamente se assemelham a Deus.

Contra Estas Coisas Não Há Lei

Filipenses 2:5

"De sorte que haja em vós o mesmo sentimento que houve também em Cristo Jesus"

Capítulo 7

Bondade

O fruto da bondade
Buscando a Deus de acordo com a vontade do Espírito Santo
Escolha a bondade em todas as coisas, como o bom samaritano
Não briguem ou se vangloriem em qualquer situação
Não despedaçar a cana quebrada ou apagar o pavio que fumega
Poder para seguir a bondade com a verdade

Bondade

Uma noite, um jovem com roupas surradas foi ver um casal de idosos para alugar um quarto. O casal teve pena dele e alugou o quarto para ele. Mas esse jovem não ia trabalhar, e apenas passava os dias a beber. Em um caso como este a maioria das pessoas gostaria de colocá-lo pra fora pensando que ele não pudesse ser capaz de pagar o aluguel. Mas este casal de idosos dava-lhe comida de vez em quando e o encorajava enquanto pregava o evangelho. Ele foi tocado por seus atos amorosos, porque eles estavam tratando-o como se ele fosse seu próprio filho. Ele finalmente aceitou a Jesus Cristo e se tornou um novo homem.

O fruto da bondade

Para amar até mesmo os negligenciados ou os excluídos sociais até o final, sem desistir deles, isso é a bondade. O fruto da bondade não é apenas suportado no coração, mas é revelado em ação como no relato do casal de idosos.

Se produzirmos o fruto da bondade, espalharemos a fragrância de Cristo em todos os lugares. As pessoas ao nosso redor serão tocadas vendo nossas boas obras e glorificarão a Deus.

"Bondade" é a qualidade de ser gentil, atencioso, de bom coração, e virtuoso. No sentido espiritual, no entanto, é o coração que busca a Deus no Espírito Santo, que é a bondade na verdade. Se tivermos na plenitude este fruto da bondade, teremos o coração do Senhor que é puro e imaculado.

Às vezes, até mesmo os incrédulos que não receberam o Espírito Santo tem bondade em suas vidas de alguma forma. As pessoas do mundo discernem e julgam se algo é bom ou mal de acordo com suas consciências. Na ausência de dores de consciência, as pessoas do mundo acham que são boas e justas. Mas a consciência de uma pessoa é diferente de pessoa para pessoa. Para entender bem como é o fruto do Espírito, primeiro temos de entender a consciência das pessoas.

Buscando a bondade de acordo com a vontade do Espírito Santo

Alguns novos cristãos podem julgar os sermões de acordo com o seu próprio conhecimento e consciência, dizendo: "Essa observação não está de acordo com esta teoria científica." Mas à medida que crescem na fé e aprendem a Palavra de Deus, eles chegam à conclusão que seu padrão de julgamento não é correto.

A consciência é o padrão de discernir entre o bem e o mal, que é baseado no fundamento de sua natureza. Uma da natureza depende do tipo de energia vital que alguém nasce e do tipo de ambiente onde ele é gerado. As crianças que recebem vida de boa energia têm relativamente boas naturezas. Além disso, as pessoas que são criadas em um bom ambiente, vendo e ouvindo muitas coisas boas, são susceptíveis a formar boas consciências. Por outro lado, se alguém nasce com muitas naturezas do mal de seus pais e entra em contato com muitas coisas más, sua natureza e de consciência tendem a se tornar maligna.

Por exemplo, crianças que são ensinadas a ser honestas terão escrúpulos de consciência quando dizem uma mentira. Mas essas crianças que são criadas entre os mentirosos irão sentir é natural mentir. Eles nem sequer acham que estão mentindo. Pensam que esta tudo bem em mentir, as suas consciências estão manchadas com tanto mal que eles nem sequer têm dores de consciência sobre isso.

Além disso, mesmo que crianças sejam criadas pelos mesmos pais no mesmo ambiente, elas aceitam as coisas de maneiras diferentes. Algumas crianças apenas obedecem a seus pais, enquanto algumas outras crianças têm vontades muito fortes e tendem a não obedecer. Então, mesmo que os irmãos são criados pelos mesmos pais, suas consciências serão formadas de forma diferente.

Consciências se formarão de forma diferente, dependendo dos valores sociais e econômicos, onde eles cresceram. Cada sociedade tem um sistema de valores diferente, e o padrão de 100 anos atrás, 50 anos atrás, e o de hoje são todos diferentes. Por exemplo, quando eles costumavam ter escravos, eles não acham que era errado ter os escravos e forçá-los a trabalhar. Além disso, apenas cerca de 30 anos atrás, era socialmente inaceitável para as mulheres a expor seus corpos em transmissão pública. Como mencionado, a consciência se torna diferente de acordo com a pessoa, a área, e tempo. Aqueles que pensam em seguir a sua consciência estão apenas seguindo o que eles acham que é bom. No entanto, não pode ser dito que estão agindo em bondade absoluta.

Mas nós, que somos cristãos em Deus temos o mesmo padrão com o qual podemos distinguir entre o bem e o mal. Temos a Palavra de Deus como o padrão. Este padrão é o mesmo ontem, hoje e eternamente. Bondade espiritual é ter esta verdade como a nossa consciência e segui-la. É a vontade de seguir os desejos do Espírito Santo e buscar a Deus. Mas apenas ter o desejo de seguir a Deus, não se pode dizer que temos produzido o fruto da bondade. Podemos dizer que produzimos o fruto apenas quando esse desejo de seguir a Deus é demonstrado e praticado em ação.

Mateus 12:35 diz: "O homem bom tira do seu bom tesouro que é bom." Provérbios 22:11 também diz: "Aquele que ama a pureza de coração e cujo discurso é gracioso, o rei é seu amigo." Como nos versos acima, aqueles que realmente buscam a Deus terão naturalmente boas ações que podem ser vistas externamente. Onde quer que vá e a quem quer que eles se encontrem, mostrarão generosidade e amor, com boas palavras e ações. Assim como uma pessoa que lançou perfume ira produzir uma fragrância agradável, as pessoas com bondade irão exalar o bom perfume de Cristo.

Algumas pessoas a muito cultivam um bom coração, de modo que seguem pessoas espirituais e querem ter amizade com eles. Eles gostam de ouvir e aprender a verdade. Eles são facilmente tocados e derramam muitas lágrimas também. Mas eles não podem cultivar um bom coração só porque têm o desejo por ele. Se eles ouviram e aprenderam alguma coisa, eles têm que a cultivá-la no seu coração e realmente praticá-la. Por exemplo, se você só gosta de estar perto de pessoas boas e evita aqueles que não são bons, isso é realmente o desejo de bondade?

Há também coisas para aprender, mesmo aqueles que não sejam muito bons. Mesmo que você não possa aprender alguma coisa com eles, você pode receber uma lição da vida deles. Se há alguém que tem um temperamento forte, você pode aprender que por ter um temperamento forte ele frequentemente entra em brigas e discussões. A partir dessa observação que você sabe por que você não deve ter tal temperamento. Se você só manciver a companhia com aqueles que são bons, não poderá aprender com a relatividade das coisas que você vê ou ouve. Há sempre coisas a aprender com todos os tipos de pessoas. Você pode pensar que é cheio de bondade, e aprender e compreender muitas coisas, mas você deve verificar-se quanto, a saber, se você tem ações reais de acumulação de bondade.

Escolha a bondade em todas as coisas, como o bom samaritano.

Deste ponto em diante, vamos analisar com mais detalhes o que a bondade espiritual é que é buscar a Deus na verdade e no Espírito Santo. Na verdade, a bondade espiritual é um conceito muito amplo. A natureza de Deus é a bondade, e a bondade é incorporada em toda a Bíblia. Mas um verso do qual podemos sentir o aroma da bondade muito bem é de Filipenses 2:1-4: "Portanto, se há alguma exortação em Cristo, se há alguma consolação de amor, se há alguma comunhão do Espírito, se houver afeição e compaixão, completem a minha alegria por ser da mesma opinião, mantendo o mesmo amor, unidos em espírito, com a intenção de um propósito. Nada façais por partidarismo ou vanglória, mas com humildade de espírito relação uns aos outros como mais importantes do que a si mesmos, não se limitam a olhar para os seus próprios interesses pessoais, mas também para os interesses dos outros".

Uma pessoa que tem produzido a bondade espiritual busca bondade no Senhor, para que ele suporte até mesmo as obras que ele realmente não concorda com ele. Tal pessoa é humilde e não tem qualquer sentimento de vaidade de ser reconhecido ou revelado. Mesmo que os outros não sejam tão ricos ou inteligentes como ele é, ele os respeita com o coração e pode se tornar seu verdadeiro amigo.

Mesmo que outras pessoas lhe causem problemas sem justa causa, ele os aceita com amor. Ele serve os e se humilha, então pode ter paz com todos. Ele não só fielmente exerce as suas funções, mas também cuida do trabalho de outras pessoas. Em Lucas capítulo 10, temos a parábola do Bom Samaritano.

Um homem foi assaltado enquanto viajava de Jerusalém para Jericó. Os ladrões o despojaram deixando-o quase morto. Um pastor estava passando e viu que ele estava morrendo, mas simplesmente passou por ele. Um levita também o viu, mas e ele também passou sem ajuda-lo. Os sacerdotes e os levitas são os únicos que conhecem a Palavra de Deus e que estão servindo a Deus. Eles conhecem a lei melhor do que qualquer uma das pessoas. Eles também se orgulham de quão bem eles servem a Deus.

Quando tinham que seguir a vontade de Deus não mostraram as ações que deveriam mostrar. Claro, eles poderiam dizer que tinham razões pelas quais eles não poderiam ajudá-lo. Mas se eles tivessem a bondade, não poderiam simplesmente ignorar uma pessoa que estava em necessidade desesperado por sua ajuda.

Mais tarde, um samaritano estava passando e viu este homem que tinha sido roubado. Este samaritano teve pena dele e cobriu suas feridas. Levou-o em seu animal e levou-o para uma estalagem e pediu ao estalajadeiro que cuidasse dele. No dia seguinte, ele deu ao estalajadeiro dois denários e prometeu que em seu caminho de volta, ele iria pagar todos os custos adicionais que ele tivesse.

Se o samaritano tivesse pensado de forma egoísta, ele não teria nenhum motivo para fazer o que fez. Ele também estava ocupado, e poderia sofrer perda de tempo e dinheiro, se ele se envolvesse nos assuntos de um estranho total. Além disso, ele tinha acabado de lhe dar os primeiros socorros, mas ele não precisava pedir ao estalajadeiro que cuidasse dele prometendo-lhe que iria pagar os custos adicionais.

Mas porque ele tinha bondade, não poderia simplesmente ignorar uma pessoa que estava morrendo. Mesmo que sofresse perda de tempo e dinheiro, e mesmo que estivesse ocupado, ele não podia simplesmente ignorar uma pessoa que estava na necessidade desesperada por sua ajuda. Quando ele não pode ajudar essa pessoa, pediu outra pessoa para ajudá-lo. Se ele também tivesse passado por essas situações, bem como, no futuro, este samaritano, provavelmente, tivera esse fardo em seu coração.

Ele teria continuamente se questionado e se culpado pensando, 'Eu me pergunto o que aconteceu com aquele homem que estava ferido. Eu deveria tê-lo salvo, mesmo se tivesse que sofrer a perda. Deus estava me olhando como eu poderia ter feito aquilo? "Bondade espiritual é incapaz de suportar, se não escolhermos o caminho do bem". Mesmo com a sensação de que alguém está tentando nos enganar, nós escolhemos a Deus em todas as coisas.

Não briguem ou se vangloriem em qualquer situação

Outro versículo que nos permite sentir a bondade espiritual é Mateus 12:19-20. O versículo 19 diz: "Ele não vai brigar, nem gritar;. nem se ouvirá sua voz nas ruas" Em seguida, o versículo 20 diz: "A surrada cana Ele não vai quebrar, e um pavio fumegante ele não vai colocar para fora , até que faça triunfar o juízo."

Isso é sobre a bondade espiritual de Jesus. Durante seu ministério, Jesus não teve quaisquer problemas ou disputas com ninguém. Desde a infância ele obedeceu a Palavra de Deus e, durante seu ministério público, ele fez apenas coisas boas, pregando o evangelho do reino dos céus e da cura dos doentes. E ainda, as pessoas más o tentaram com muitas palavras na tentativa de matá-lo.

Todas às vezes, Jesus conhecia suas más intenções, mas não tinha ódio com eles. Ele simplesmente os deixava perceber a verdadeira vontade de Deus. Quando eles não conseguiam perceber afinal, não brigava com eles, apenas os evitava-os. Mesmo quando estava sendo interrogado antes da crucificação, Ele não brigou ou discutiu.

À medida que passamos do estágio de aprendiz na nossa fé cristã, aprendemos a Palavra de Deus até certo ponto. Nós não elevaríamos facilmente a nossa voz ou temperamento só por causa de algumas divergências com os outros. Mas brigar não é apenas para levantar a nossa voz. Se temos alguns sentimentos desconfortáveis devido a algumas divergências, isso é ter discórdia. Nós dizemos que é uma discórdia porque a paz do coração está quebrada.

Se houver uma disputa no coração, a causa encontra-se dentro de si mesmo. Não é porque alguém está nos atormentando. Não é porque eles não agem de uma forma que achamos ser a certa. É porque nossos corações são demasiados estreitos para aceitá-los, e isso é porque temos uma estrutura de pensamentos que nos coloca em rota de colisão com muitas coisas.

Um pedaço de algodão macio não faria qualquer ruído quando é atingido por algum objeto. Mesmo que agitemos um vidro que contém água pura e limpa, a água ainda vai permanecer pura e limpa. É o mesmo com o coração dos homens. Se a paz de espírito é quebrada e alguns sentimentos desconfortáveis chegam a uma determinada situação, isso é porque o mal ainda está presente no coração.

E dito que Jesus não gritou, então, por que razão outras pessoas gritam? É porque eles querem revelar e exibir-se. Eles choram, porque querem ser reconhecidas e servidas por outras pessoas.

Jesus manifestou tais grandes obras, como reviver os mortos e abrir os olhos dos cegos. Mas, ele ainda era humilde. Além disso, mesmo quando as pessoas estavam zombando dele enquanto ele estava pendurado na cruz, ele apenas obedeceu à vontade de Deus até a morte, pois ele não tinha nenhuma intenção de se revelar (Filipenses 2:5-8). É também disse que ninguém podia ouvir sua voz nas ruas. Isso nos revela que seus modos eram perfeitos. Ele foi perfeito em sua influência e atitude na forma de discursar. Sua extrema bondade, humildade e amor espiritual que estavam lá no fundo seu coração foram revelados externamente.

Se produzirmos o fruto da bondade espiritual, não teríamos qualquer conflito ou problemas com ninguém da mesma forma que o nosso Senhor não tinha conflitos. Nós não iríamos falar de falhas ou deficiências de outras pessoas. Nós não iriamos tentar nos exibir acima, entre outros. Mesmo que soframos sem razão, nós não reclamaremos.

Não despedaçar a cana quebrada ou apagar o pavio que fumega

Quando crescem uma árvore ou plantas, se tiverem folhas feridas ou ramos, normalmente iremos cortá-los. Além disso, quando um pavio esta fumega, a luz não é brilhante, e isso produz a fumaça. Então, as pessoas simplesmente a apagam. Mas aqueles que têm a bondade espiritual não irão despedaçar a cana quebrada ou apagar o pavio que fumega. Se houver a menor chance de recuperação, eles não cortam a vida fora, eles tentam abrir um modo de vida para os outros.

Aqui, "cana quebrada" se refere àqueles que estão cheios de pecados e maldade deste mundo. O pavio fumegante simboliza aqueles cujos corações estão tão manchados com o mal que a luz da sua alma está prestes a morrer. É pouco provável que estas pessoas que são como canas quebradas e pavios fumegantes aceitarão o Senhor. Mesmo que eles aceitaram a Deus, suas obras não são diferentes das pessoas mundanas. Eles ainda falar contra o Espírito Santo ou contra Deus. Na época de Jesus, havia muitos que não acreditavam em Jesus. E mesmo que eles tenham visto essas incríveis obras de poder, ainda se puseram contra as obras do Espírito Santo. Ainda assim, Jesus olhou para eles com a fé até o fim e abriu oportunidades para eles recebessem a salvação.

Hoje, até mesmo nas igrejas, há muitas pessoas que são como canas quebradas e pavios fumegantes. Eles chamam 'Senhor, Senhor' com os lábios, mas ainda vivem em pecados. Alguns deles até ficam contra Deus. Com sua fé fraca, eles tropeçam em tentação e param de frequentar a igreja. Depois de fazer coisas que são reconhecidas como más na igreja, ficam tão envergonhadas que deixam a igreja. Se tivermos bondade, devemos primeiro esticar as nossas mãos por eles.

Algumas pessoas querem ser amadas e reconhecidas na igreja, mas quando isso não acontece, o mal interior sai. Eles se tornam invejosos daqueles que são amados pelos membros da igreja e aqueles que estão avançando em espírito, e falam mal deles. Eles não colocam o seu coração em um determinado trabalho, se não for iniciado por eles, e eles tentam encontrar falha com essas obras.

Mesmo nestes casos, aqueles que têm o fruto da bondade espiritual aceitarão essas pessoas que deixam o seu mal sair. Eles não tentarão distinguir quem está certo ou errado, ou bem ou mal e, em seguida, suprimi-los. Eles derretem e tocam seus corações, tratando-os em bondade com um coração sincero.

Algumas pessoas me pedem para revelar as identidades das pessoas que frequentam a igreja com segundas intenções. Eles dizem que, ao fazer isso os membros da igreja não serão enganados e essas pessoas não voltarão à igreja afinal. Sim, revelando suas identidades podemos purificar a igreja, mas que vergonha seria para seus familiares ou aqueles que os trouxeram para a igreja? Se eliminarmos os membros da igreja, por várias razões, poucas pessoas permaneceriam na igreja. É um dos deveres de uma igreja mudar até mesmo as pessoas más e levá-las para o reino dos céus.

Claro, algumas pessoas continuam a mostrar cada vez um mal maior, e cairão no caminho da morte, mesmo que tenhamos mostrado bondade para com eles. Mas mesmo nestes casos, não vamos apenas definir um limite de nossa resistência e abandoná-los se ultrapassarem esse limite. É a bondade espiritual para tentar permitir que eles busquem a vida espiritual sem desistir até o fim.

O trigo e o joio são semelhantes, mas o joio é vazio por dentro. Após a colheita, o agricultor vai recolher o trigo no celeiro e queimará o joio. Ou ele vai usá-lo como fertilizante. Existe o trigo e o joio na igreja, também. Do lado de fora, todo parecem que são cristãos, mas é o trigo que obedece a Palavra de Deus enquanto há o joio que segue o mal.

Mas, assim como o agricultor espera até a colheita, Deus de amor espera para aqueles que são como o joio mude até o fim. Até o último dia chegar, temos que dar chances para que todos possam ser salvos e olhar para todos com os olhos da fé, por cultivar a bondade espiritual em nós.

Poder de seguir a Deus com a verdade

Você pode estar confuso a respeito de como essa bondade espiritual é diferenciada de outras características espirituais. Ou seja, na parábola do Bom Samaritano, seus atos podem ser descritos como de utilidade pública em mente, e misericordioso, se não brigarmos ou levantarmos nossas vozes, então devemos estar em paz e em humildade. Então, estão inclusas todas estas coisas no caráter de bondade espiritual?

Claro, amor, caridade, a misericórdia, a paz e a humildade todas pertencem à bondade. Como mencionado anteriormente, a bondade é a natureza de Deus e é um conceito muito amplo. Mas os aspectos distintivos da bondade espiritual são o desejo de seguir tal bondade e a força de realmente praticá-la. O foco não está na misericórdia de ter piedade de outros ou nos atos de ajudá-los. O foco é sobre a bondade com que o samaritano não podia simplesmente passar por ele quando a ele era suposto ter misericórdia.

Além disso, não brigar e não gritar faz parte de ser humilde. Mas o caráter de bondade espiritual, nestes casos, é que não podemos quebrar a paz porque seguimos bondade espiritual. Ao invés de gritar e ser reconhecido, queremos ser humildes porque seguimos essa bondade.

Quando somos fieis, se você tem o fruto da bondade, você será fiel, não só uma coisa, mas também em todas as coisas da casa de Deus. Se você negligenciar qualquer um dos seus deveres, pode haver alguém que sofra por causa disso. O reino de Deus não pode ser alcançado como deveria ser. Então, se você tem a bondade em você, não vai se sentir confortável com essas coisas. Você não pode simplesmente negligenciá-las, de modo que tentará ser fiel em toda a casa de Deus. Você pode aplicar este princípio a todos os outros personagens do espírito.

Aqueles que são maus serão desconfortáveis se não agirem no mal. Na medida em que eles têm o mal, irão se sentir OK somente depois que externarem tal maldade. Para aqueles que têm o hábito de interromper em enquanto os outros estão falando, esses não conseguem se controlar se não podem interferir com as conversas de outras pessoas. Mesmo que machuquem os sentimentos dos outros ou os atormentam, eles podem estar em paz consigo mesmo somente depois de fazer o que querem. No entanto, se eles se lembrarem de continuar tentando lançar fora seus maus hábitos e atitudes que não estão de acordo com a Palavra de Deus, eles serão capazes de lançar fora a maioria deles. Mas se não tentarem e simplesmente desistirem, continuarão a serem os mesmos, mesmo depois de dez ou vinte anos.

Mas os homens de Deus são o oposto. Se eles não seguem a Deus, terão sentimentos mais desconfortáveis do que quando sofrem uma perda, e irão pensar sobre isso repetidamente. Assim, mesmo que sofram alguma perda, não irão querer incomodar os outros. Mesmo que pensem que é inconveniente, eles tentam seguir as regras.

Podemos sentir este coração do que Paulo disse. Ele tinha a fé para comer carne, mas se causasse qualquer outra pessoa a tropeçar, ele não comeria qualquer carne para o resto de sua vida. Da mesma forma, se o que ele pudesse desfrutar causasse qualquer tipo de desconforto para outras pessoas de bem ele preferia não apreciá-lo e encontrava-se mais feliz em desistir por causa dos outros. Eles não podiam fazer nada que pudesse constranger os outros, e, nunca poderão fazer algo que faria o Espírito Santo neles gemer.

Da mesma forma, se você seguir a Deus em todas as coisas, isso significa que está tendo o fruto da bondade espiritual. Se produzir o fruto da bondade espiritual, você terá a atitude do Senhor. Você não vai fazer nada que possa fazer com que alguém tropece. Você terá a bondade e humildade do lado de fora também. Você será respeitável tendo a forma do Senhor, e seu comportamento e linguagem serão perfeitos. Você será belo aos olhos de todos, exalando a fragrância de Cristo.

Mateus 5:15-16 diz: """... nem ninguém acende uma candeia para colocá-la debaixo do alqueire, mas no velador, e dá luz a todos que estão na casa. Brilhe a vossa luz diante dos homens, de tal forma que vejam as vossas boas obras e glorifiquem a vosso Pai que está nos céus. "Além disso, 2 Coríntios 2:15 diz: "Porque nós somos um bom perfume de Cristo a Deus entre aqueles que estão sendo salvos e entre os que estão perecendo"". "Portanto, eu espero que você de glória a Deus em todas as coisas produzindo o fruto da bondade espiritual rapidamente exalando o aroma de Cristo para o mundo".

Números 12:7-8

"Ele é fiel em toda a minha casa;

Falo com ele boca a boca, mesmo de forma aberta,

E não em enigmas,

E ele vê a forma do Senhor".

Capítulo 8

Fidelidade

Para que a nossa fidelidade a ser reconhecida
Faça mais do que o trabalho dado
Seja fiel com a verdade
Trabalhar de acordo com a vontade do mestre.
Seja fiel em todas as coisas na casa de Deus
Fidelidade para o reino de Deus e a justiça

Fidelidade

Um homem estava indo em uma viagem a um país no exterior. Enquanto ele estivesse fora seus bens precisariam ser cuidados, então ele deu esse trabalho para seus três servos. De acordo com a sua capacidade, ele deu um de talento, dois talentos, e cinco talentos, respectivamente a cada um. O servo que recebeu cinco talentos conduzia a parte de negócios para seu mestre e ganhou mais cinco talentos. O servo que recebeu dois talentos também ganhou mais dois talentos. Mas o que recebeu um talento apenas enterrou o talento no chão e não teve qualquer lucro.

O mestre elogiou os funcionários que ganharam os dois e cinco talentos adicionais e deu-lhes recompensas, dizendo "Muito bem, servo bom e fiel" (Mateus 25:21). Mas ele repreendeu o servo que enterrou o talento, dizendo: "Você e mau e preguiçoso escravo" (v. 26). Deus também nos dá muitos deveres de acordo com os nossos talentos, para que possamos trabalhar para ele. Só quando cumprimos os deveres com todas as nossas forças e beneficiarmos o reino de Deus, poderemos ser reconhecidos como um "servo bom e fiel".

Para que a nossa fidelidade seja reconhecida

A definição do dicionário da palavra "fidelidade" é "a qualidade de ser firme na afeição ou fidelidade, ou firme na adesão às promessas ou em cumprimento do dever". Mesmo no mundo, as pessoas fiéis são muito valorizadas por serem confiáveis.

Mas o tipo de fidelidade, que é reconhecido por Deus é diferente das pessoas do mundo. Apenas cumprindo nosso dever completamente em ação não é a fidelidade espiritual. Além disso, se colocarmos todo o nosso esforço e até mesmo nossas vidas em uma área particular, não é a fidelidade completa. Se cumprirmos os nossos deveres como esposa, mãe, ou um marido, pode isso ser chamado de fidelidade? Isso só é o que tínhamos que fazer.

Aqueles que são espiritualmente fiéis têm tesouros do reino de Deus e exalam um aroma perfumado. Eles têm a fragrância de um coração imutável, a fragrância da obediência firme. Poderíamos compara-los à obediência do trabalho de uma boa vaca e a fragrância de um coração fiel. Se podemos exalar esses tipos de fragrâncias, o Senhor também dirá que são adoráveis e nos abraçará. Foi o caso de Moisés.

Os filhos de Israel tinham sido escravos no Egito por mais de 400 anos, e Moisés tinha o dever de levá-los para a terra de Canaã. Ele foi tão amado por Deus, que Deus falou com ele face a face. Ele foi fiel em todas as coisas da casa de Deus e cumpriu tudo o que Deus ordenou a ele. Nem sequer considerou todos os problemas que ele teve que aceitar. Ele era muito mais do que fiel em todas as áreas no cumprimento do dever do líder de Israel, bem como ser fiel à sua família.

Um dia, o sogro de, Jethro, veio até ele. Moisés falou com ele sobre todas as coisas maravilhosas que Deus tinha feito para o povo de Israel. No dia seguinte, Jetro viu algo estranho. As pessoas faziam fila que começava no início da manhã para ver Moisés. Eles traziam a Moisés às disputas não podiam julgar entre si. E Metro fez uma sugestão.

Êxodo 18:21-22 diz: "E tu dentre todo o povo procura homens capazes, tementes a Deus, homens de verdade, que odeiem a avareza; e põe-nos sobre eles por maiorais de mil, maiorais de cem, maiorais de cinquenta, e maiorais de dez;
Para que julguem este povo em todo o tempo; e seja que todo o

negócio grave traga a ti, mas todo o negócio pequeno eles o julguem; assim a ti mesmo te aliviarás da carga, e eles a levarão contigo".

Moisés ouvia suas palavras. Ele percebeu que seu sogro tinha um alvo e aceitou sua sugestão. Moisés selecionou homens capazes que odiavam o ganho desonesto e os colocou sobre as pessoas como líderes de mil, de cem, de cinquenta e de dez. Eles agiram como juízes para o povo em assuntos de rotina e mais simples e Moisés julgava apenas as principais causas.

Pode-se produzir o fruto da fidelidade quando se cumpre todas as suas funções com um bom coração. Moisés foi fiel a seus familiares, bem como serviu o povo. Ele gastou todo o seu tempo e esforço, e por esta razão foi reconhecido como aquele que é fiel em toda a casa de Deus. Números 12:7-8 diz: "Não é assim, com o meu servo Moisés, que é fiel em toda a minha casa; com ele eu falo boca a boca, mesmo abertamente, e não por enigmas, e ele contempla a forma do Senhor.".

Agora, que tipo de pessoa é aquela que produz o fruto da fidelidade reconhecido por Deus?

Faça mais do que o trabalho dado

Quando os trabalhadores são pagos pelo seu trabalho, não dizemos que eles são fiéis quando eles simplesmente cumprem os seus deveres. Podemos dizer que eles fizeram o seu trabalho, mas eles fizeram apenas o que são pagos, por isso não podemos dizer que eles são fiéis. Mas mesmo entre os trabalhadores assalariados, há alguns que fazem mais do que o que eles são pagos para fazer. Eles não fazem isso com relutância ou pensando que tem que fazer, pelo menos, o tanto quanto eles são pagos. Eles cumprem o dever de todo o coração, mente e alma, sem poupar seu tempo e dinheiro, tendo desejo que vem do coração.

Alguns dos obreiros da igreja em tempo integral fazem mais do que aquilo que é dado a eles. Eles trabalham após o horário de trabalho ou de férias, e quando eles não estão trabalhando, sempre pensam sobre o seu dever para com Deus. Eles sempre pensam nas formas de melhor servir a igreja e os membros, fazendo mais do que o trabalho dado a eles. Além disso, eles assumem as funções de líderes de grupo de células para cuidarem das almas. É desta forma que é a fidelidade, fazer muito mais do que aquilo que nos foi confiado.

Além disso, ao assumir a responsabilidade, aqueles que produzem o fruto da fidelidade irão fazer mais do que aquilo que eles são responsáveis por fazer. Por exemplo, no caso de Moisés, ele colocou sua vida quando ele orou para salvar os filhos de Israel que tinham pecados cometidos. Podemos ver isso a partir de sua oração encontrada em Êxodo 32:31-32, que diz: "Ai de mim, este povo cometeu um grande pecado, e eles fizeram um deus de ouro para si mesmo. Mas agora, se você quiser, perdoarei os seus pecados e se não, risca-me do teu livro, que tens escrito!".

Quando Moisés estava cumprindo este dever, não apenas obedeceu em ação para fazer o que Deus havia lhe mandado fazer. Ele não pensa, 'Eu fiz o meu melhor em proclamar a vontade de Deus para eles, mas eles não aceitarão. Eu não posso ajudá-los mais. "Ele tinha o coração de Deus e guiou o povo com todo o seu amor e esforço". É por isso que, quando o povo cometeu pecados, ele sentiu como se fosse sua própria culpa, e quis assumir a responsabilidade por isso.

É o mesmo com o apóstolo Paulo. Romanos 9:03 diz: "Porque eu poderia desejar que eu mesmo anátema, separado de Cristo, por amor de meus irmãos, meus parentes segundo a carne", mas mesmo que ouvir e saber sobre Paulo e fidelidade de Moisés, ele não significa necessariamente que temos cultivado fidelidade.

Mesmo aqueles que têm fé e exercem as suas funções teriam algo diferente a dizer do que o que Moisés disse quando estivesse na mesma situação que ele esteve. Ou seja, eles podem dizer: "Deus, eu fiz o meu melhor". Eu sinto pena pelas pessoas, mas eu também sofri muito enquanto liderando essas pessoas. "O que eles realmente estão dizendo é:" Eu estou confiante, porque eu fiz tudo o que era suposto fazer. "Ou, eles podem se preocupar que eles vão receber a repreensão, juntamente com os outros pelos pecados dessas pessoas, mesmo quando eles não eram responsáveis". O coração de pessoas como esta bastante longe da fidelidade.

Claro, nem todos podem orar: "Por favor, perdoe seus pecados ou risca-me do livro da vida." Significa apenas que, se produzirmos o fruto da fidelidade em nosso coração, não podemos simplesmente dizer que não somos responsáveis pela as coisas que deram errado. Antes pensamos que fizemos o nosso melhor em nossas ações, nós primeiro iremos pensar sobre o tipo de coração que tínhamos quando os deveres foram dados a nós pela primeira vez.

Além disso, vamos primeiro pensar no amor e misericórdia de Deus para as almas e que Deus não quer que eles sejam destruídos, mesmo que ele diga que está indo puni-los por seus pecados. Então, que tipo de oração iriamos oferecer a Deus? Nós provavelmente diríamos que do fundo do nosso coração: "Deus, é minha culpa. Fui eu que não os orientei melhor. Dê-lhes mais uma chance em minha consideração".

É o mesmo em todos os outros aspectos. Aqueles que são fiéis não dizem: "Eu fiz o suficiente", mas irão trabalhar além de seus limites com todo o seu coração. Em 2 Coríntios 12:15 Paulo disse: "Eu de muito boa vontade gastarei, e me deixarei gastar pelas vossas almas, ainda que, amando-vos cada vez mais, seja menos amado.".

Ou seja, Paulo não foi coagido para cuidar das almas, nem fez isso superficialmente. Ele teve grande alegria no cumprimento de seu dever, e é por isso que ele disse que iria ser gasto para outras almas.

Ele ofereceu-se uma e outra vez com devoção completa para outras almas. Como no caso de Paulo, é verdadeira fidelidade se podemos cumprir nosso dever além de nossos limites com alegria e amor.

Seja fiel com a verdade

Suponha que alguém se juntou a um grupo e dedicou a sua vida ao chefe da quadrilha. Será que Deus vai dizer que ele é fiel? Claro que não! Deus é capaz de reconhecer a nossa fidelidade só quando somos fiéis em bondade e verdade.

Como cristãos levam uma vida diligente na fé, a eles tendem a serem dados muitos deveres. Em alguns casos eles tentam cumprir os seus deveres com fervor no início, mas apenas em um determinado ponto. Suas mentes podem ser levadas pela expansão dos negócios que estão planejando. Eles podem perder o fervor de seu dever por causa de dificuldades na vida ou porque querem evitar perseguições dos outros. Por que a sua mente muda desta maneira? É porque eles negligenciaram a fidelidade espiritual, enquanto trabalhavam para o reino de Deus.

Fidelidade espiritual é circuncidar nosso coração. É lavar o manto de nossos corações para sempre. Trata-se de lançar fora todos os tipos de pecados, mentiras, maldade, injustiça, ilegalidade, e escuridão e tornar-se santo. Apocalipse 2:10 diz: "Sê fiel até à morte, e Eu te darei a coroa da vida." Aqui, para ser fiel até a morte não significa apenas que temos de trabalhar duro e fielmente até a nossa morte física. Isso também significa que temos de tentar cumprir a Palavra de Deus na Bíblia plenamente com toda nossa vida.

A fim de conseguir a fidelidade espiritual, primeiro temos que lutar contra os pecados, a ponto de derramar sangue e guardar os mandamentos de Deus. A prioridade é lançar fora o mal, pecado e a mentira que Deus odeia tanto. Se estamos apenas trabalhando duro fisicamente sem circuncidar o nosso coração, não dizemos que é a fidelidade espiritual. Como Paulo disse: "Eu morro todos os dias", temos que colocar a nossa carne à morte completamente e nos tornar santificados. Esta é a fidelidade espiritual.

O que Deus, o pai deseja mais de nós é a santidade. Temos de entender este ponto e fazer o nosso melhor em circuncidar nossos corações. Claro, isso não significa que não podemos assumir quaisquer direitos, antes de se tornar completamente santificados. Isso significa que qualquer que seja o dever que estejamos realizando neste momento, temos que realizar a santidade enquanto cumprimos nossos deveres.

Aqueles que circuncidam continuamente seus corações não terão mudanças de atitude em sua fidelidade. Eles não irão desistir de seu dever precioso só porque têm dificuldades na vida cotidiana ou algumas aflições do coração. Os deveres dados por Deus são uma promessa feita entre Deus e nós, e nós nunca devemos quebrar nossas promessas com Deus em quaisquer dificuldades.

Por outro lado, o que acontecerá se não atentarmos a circuncisão de nossos corações? Nós não seremos capazes de manter nosso coração quando nos deparamos com dificuldades e sofrimentos. Podemos abandonar a relação de confiança com Deus e desistirmos do nosso dever. Então, se recuperamos a graça de Deus, trabalhamos duro novamente por um tempo, e esse ciclo vai e volta. Os trabalhadores que têm oscilações como essa não podem ser reconhecidos fieis, mesmo que possam fazer bem o seu trabalho.

Para ter a fidelidade reconhecida por Deus, devemos ter a fidelidade espiritual, bem como, o que significa que temos de circuncidar os nossos corações. Mas a circuncisão do nosso coração em si não traz recompensas. Circuncidar o coração é uma obrigação para os filhos de Deus que são salvos. Mas se lançarmos fora os pecados e cumprirmos os nossos deveres com um coração santificado, podemos produzir muito mais frutos do que quando cumprimos com mentes carnais. Portanto, iremos receber recompensas muito maiores.

Por exemplo, suponha que você esteja suando enquanto trabalha na igreja durante todo o dia de domingo. Mas você teve discussões com muitas outras pessoas e perdeu a paz com muitas pessoas. Se você servir a igreja, enquanto reclama e tem ressentimento, muitas de suas recompensas serão subtraídas. Mas se você servir a igreja com bondade e amor estando em paz com os outros, todo o seu trabalho será como um aroma agradável a Deus, e cada um de seus atos se tornará em sua recompensa.

Trabalhar de acordo com a vontade do mestre

Na igreja, temos que trabalhar de acordo com o coração e a vontade de Deus. Além disso, temos que ser fiéis obedecer nossos líderes, segundo a ordem dentro da igreja. Provérbios 25:13 diz: "Como o frio da neve no tempo da colheita é o mensageiro fiel para com os que o enviam, porque refrigera a alma dos seus senhores.".

Apesar de sermos muito diligentes em nosso dever, não podemos saciar o desejo do mestre, se apenas fazemos o que queremos. Por exemplo, suponha que o seu chefe em sua empresa lhe diz para permanecer no escritório, porque um cliente muito importante está chegando. Mas você tem alguns negócios foram relacionados com escritório e você cuida da questão, mas é preciso todo o dia. Mesmo que você esteja fora a trabalhar do escritório, aos olhos do chefe que você não é fiel.

A razão pela qual nós não obedecer à vontade do mestre é porque seguimos nossas próprias ideias ou porque temos motivos egocêntricos. Este tipo de pessoa pode parecer estar servindo seu mestre, mas ele não está realmente fazendo isso com fidelidade. Ele só está seguindo seus próprios pensamentos e desejos, e ele tem demonstrado que pode abandonar a vontade do mestre a qualquer momento.

Na Bíblia, lemos sobre uma pessoa chamada Joabe, que era um parente e general do exército de Davi. Joabe esteve com Davi através de todos os perigos, enquanto Davi foi perseguido pelo rei Saul. Ele tinha sabedoria e ele era valente. Ele coordenava as coisas que Davi queria que fosse feitas. Quando ele atacou os amonitas, e tomou a sua cidade, ele praticamente a conquistou, mas deixou

Davi vir e conquista-la por si mesmo. Ele não tomou a glória de conquistar a cidade, mas deixou que Davi a recebesse.

Ele serviu Davi muito bem, mas Davi não estava muito confortável com ele. Isso porque ele desobedeceu a Davi quando ele pessoalmente se beneficiava. Joabe não hesitava em agir com insolência diante de Davi, quando queria alcançar seu objetivo.

Por exemplo, o general Abner, que era um inimigo de Davi, veio a Davi se rendendo a ele. Davi recebeu-o e mandou-o de volta. Foi porque Davi poderia apaziguar as pessoas mais rapidamente, aceitando-as. Mas quando Joabe descobriu este fato mais tarde, ele seguiu Abner e o matou. Isso porque Abner havia matado o irmão de Joabe em uma batalha anterior. Ele sabia que Davi estaria em uma situação difícil, se ele matasse Abner, mas ele apenas seguiu as suas emoções.

Além disso, quando o filho de Davi, Absalão se rebelou contra Davi, Davi perguntou aos soldados que estavam indo lutar com os homens de Absalão para tratar seu filho com bondade. Depois de ouvir esta ordem, Joabe ainda sim acabou por matar Absalão. Talvez fosse porque se ele deixasse viver Absalão, ele poderia se rebelar novamente, mas no final, Joabe desobedeceu a ordem do rei por sua própria vontade.

Mesmo que ele tivesse passado por todos os momentos difíceis, desobedeceu ao rei em momentos cruciais, e Davi não podia mais confiar nele. Finalmente, Joabe se rebelou contra o rei Salomão, filho de Davi, e foi condenado à morte. Neste momento também, ao invés de obedecer à vontade de Davi, ele queria instaurar a pessoa a quem ele achava que deveria ser o rei. Ele serviu Davi por toda sua vida, mas em vez de se tornar um partidário com mérito, sua vida se foi como um rebelde.

Quando fazemos a obra de Deus, em vez de como ambiciosamente fazemos o trabalho, o fator mais importante é saber se estamos seguindo a vontade de Deus. É inútil ser fiel indo contra a vontade de Deus. Quando trabalhamos na Igreja, também devemos seguir nossos líderes, antes de seguir nossas próprias ideias. Desta forma, o inimigo diabo e Satanás não podem trazer qualquer acusação e seremos capazes de dar glória a Deus no final.

Seja fiel em todas as coisas da casa de Deus

"Para ser fiel em todas as coisas da casa toda de Deus" significa ser fiel em todos os aspectos relacionados a nós mesmos. Na igreja, temos que cumprir todas as nossas responsabilidades, mesmo quando temos muitos deveres. Mesmo que nós não tenhamos um dever especial na igreja, é um dos nossos deveres estar presentes onde é suposto estar presente como membro.

Não só na igreja, mas em locais de trabalho e na escola, todos têm suas funções. Em todos estes aspectos, temos que cumprir os nossos deveres como membros. Ser fiel em todas as coisas da casa toda de Deus é cumprir todos os nossos deveres em todos os aspectos de nossas vidas: como filhos de Deus, como líderes ou membros da Igreja, como membros da família, como funcionários da empresa, ou como estudantes ou professores escola. Não devemos ser apenas fieis apenas em uma ou duas funções e negligenciar as outras funções. Temos de ser fiéis em todos os aspectos.

Podemos pensar, 'Eu tenho apenas um corpo e como eu posso ser fiel em todas essas áreas? Mas na medida em que nós mudamos para o espírito, não se torna difícil ser fiel em toda casa de Deus. Mesmo se investirmos um pouco de tempo, iremos certamente colher os frutos se semearmos no espírito.

Além disso, aqueles que mudaram para o espírito não seguem o seu próprio benefício e conforto, mas pensam em benefício dos outros. Eles veem as coisas do ponto de vista de outras pessoas em primeiro lugar. Assim, essas pessoas irão cuidar de todas as suas funções, mesmo que necessitem sacrificar-se. Além disso, na medida em que atingimos o nível de espírito, nosso coração será preenchido com bondade. E se nós somos bons não iremos inclinar em direção a apenas um lado particular. Assim, mesmo se tivermos muitos deveres, não vamos negligenciar nenhum deles.

Faremos o nosso melhor para cuidar de todos ao nosso redor, tentando cuidar dos outros um pouco mais. Então, as pessoas ao nosso redor irão sentir a veracidade do nosso coração. Então, não irão se decepcionar, porque não podemos estar com eles o tempo todo, mas serão gratos por termos cuidados deles.

Por exemplo, uma pessoa tem duas funções, e ela é a líder de um dos grupos e apenas um membro no outro. Aqui, se ela tem bondade e se ela produz o fruto da fidelidade, ela não irá negligenciar qualquer um deles. Ela não vai dizer, "os membros deste último grupo irão me entender por não estar com eles, porque eu sou o líder do primeiro grupo." Se ela não pode estar fisicamente com o último grupo, ela vai tentar ser uma espécie de ajudar para o grupo de outras maneiras e no coração. Da mesma forma, podemos ser fiéis em toda casa de Deus e ter paz com todos, na medida em que temos a Deus.

Fidelidade para o reino de Deus e a justiça

José foi vendido como escravo para casa de Potifar, o capitão da guarda real. E José foi muito fiel e digno de confiança que Potifar deixou todo o trabalho de casa com este jovem escravo e não se preocupava com o que ele fazia. Foi por causa do cuidado de José até mesmo com as pequenas coisas, com todo o seu melhor, tendo o coração do mestre.

O reino de Deus também precisa de muitos trabalhadores fiéis, como José em muitas áreas. Se você tem certo dever, e o cumpri tão fielmente que seu líder não tem que se preocupar, então, quão grande é a força que você será para o reino de Deus! Lucas 16:10 diz: "Quem é fiel no mínimo, também é fiel no muito; quem é injusto no mínimo, também é injusto no muito" Embora ele tenha servido um mestre físico, José trabalhou fielmente com sua fé em Deus. Deus não toma isso sem sentido, mas em vez disso ele fez José, o primeiro ministro do Egito.

Eu nunca estive à vontade sobre as obras de Deus. Eu sempre ofereci orações toda a noite, mesmo antes da abertura da igreja, mas depois que a igreja abre, eu orava da meia-noite até 4:00 da manhã, pessoalmente, em seguida, liderava as reuniões de oração da madrugada às 5 da manhã. Naquela época não tínhamos a reunião de oração Daniel que temos hoje, que começa a partir das 21:00. Nós não tínhamos quaisquer outros pastores ou líderes de células, então eu tive que liderar todas as reuniões de oração de madrugada sozinho. Mas eu nunca perdi um dia.

Além disso, eu tinha que preparar os sermões para os cultos de domingo, os cultos de quarta-feira, e os cultos de sexta-feira, enquanto participava do seminário teológico. Eu nunca empurrei meus deveres para outros só porque eu estava cansado. Depois que voltei do seminário, eu cuidava das pessoas doentes ou fazia visitas aos membros. Havia tantas pessoas doentes que vieram de todo o país. Colocava todo o meu coração cada vez em que eu fazia uma visita a um membro da igreja para atendê-los espiritualmente.

Naquela época, alguns dos estudantes tiveram que tomar o ônibus com duas ou três trocas para vir à igreja. Agora, temos ônibus na igreja, mas na época não tínhamos. Então, eu queria que os alunos fossem capazes de vir à igreja, sem ter que se preocupar com as tarifas de ônibus. Segui os alunos após o culto para o ponto de ônibus e dei-lhes as fichas de ônibus ou bilhetes. Dei-lhes as fichas suficientes para que eles tivessem o suficiente para vir para a igreja da próxima vez, também. A quantidade de ofertas para a igreja era cerca de alguns dólares, e não poderia tirar da igreja. Eu dei-lhes as passagens de ônibus com minhas próprias economias.

Quando uma nova pessoa se cadastrava, considerava cada uma delas como um tesouro precioso, então eu orei por eles e serviu-os com amor para não perder nenhum deles. Por esta razão, nesse momento nenhuma das pessoas que se cadastraram na igreja, saíram. Naturalmente, a igreja continuou crescendo. Agora que a igreja tem muitos membros, isso significa que a minha fidelidade esfriou? Claro que não! Meu fervor pelas almas nunca se esfriou.

Agora, temos mais de 10.000 igrejas filiais em todo o mundo, assim como tantos pastores, anciãos, diaconisas e líderes seniores, lideres de distritos, sub-distritos e grupos de células. E, no entanto, minhas orações e amor pelas almas só têm crescido com mais fervor.

Por acaso a sua fidelidade diante de Deus tem esfriado? Há

alguém entre vós que costumava ter funções em Deus, mas já não têm quaisquer deveres agora? Se você tem o mesmo dever agora, como no passado, não tem o seu fervor esfriado? Se tivermos fé verdadeira, nossa fidelidade só irá aumentar à medida que amadurecemos em nossa fé, e seremos fieis no Senhor para alcançar o reino de Deus e para salvar inúmeras almas. Então, receberemos uma grande quantidade de recompensas preciosas no Céu!

Se Deus quisesse fidelidade somente em obras, ele não teria criado a humanidade, porque existem inúmeros exércitos celestiais, e anjos que o obedecem muito bem. Mas Deus não queria que alguém que obedece incondicionalmente, um pouco como robôs. Ele queria filhos que fossem fieis com seu amor a Deus decorrente do interior de seus corações.

Salmo 101:6 diz: "Meus olhos estão sobre os fiéis da terra, para que habitem comigo; o que anda de forma irrepreensível é aquele que ministrará a mim." Aqueles que lançam fora todas as formas do mal e tornao-se fieis em toda as coisas da casa de Deus receberão a bênção de entrar na Nova Jerusalém, que é a mais bela morada no céu. Portanto, eu espero que você se torne um trabalhador que seja como pilar do reino de Deus e desfrute da honra de estar perto do trono de Deus.

Contra Estas Coisas Não Há Lei

Mateus 11:29

"Pegue o meu jugo sobre vós e aprendei de mim,

que sou manso e humilde de coração;

e achareis descanso para as vossas almas. "

Capítulo 9

Mansidão

Mansidão para aceitar muitas pessoas
Mansidão espiritual acompanhado por generosidade
Características daqueles que têm suportado o fruto da mansidão
Para produzir o fruto da mansidão
Cultive em bom solo
Bênçãos para os mansos

Mansidão

Surpreendentemente muitas pessoas se preocupam com temperamentos explosivos, depressão ou sobre suas características que são extremamente introspectivas ou tem muitas atitudes explosivas. Algumas pessoas simplesmente atribuem tudo à sua personalidade, quando as coisas não saem como eles querem, dizendo: "Eu não posso ajudá-lo, é minha personalidade." Mas Deus criou os homens, e não é difícil para Deus mudar a personalidade dos homens com Seu poder.

Moisés, uma vez matou outro homem devido a seu temperamento, mas ele foi transformado pelo poder de Deus, de tal forma que ele foi reconhecido por Deus por ser a pessoa mais humilde e mais mansa sobre a face da terra. O apóstolo João teve o apelido de "filho do trovão", mas ele foi transformado pelo poder de Deus e foi reconhecido como "o apóstolo gentil".

Se eles estão dispostos a lançar fora o mal e arar o campo do seu coração, mesmo aqueles que têm fortes temperamentos, aqueles que se vangloriam, e aqueles que são egocêntricos poderão ser transformados e cultivarem características de mansidão.

Mansidão para aceitar muitas pessoas

No dicionário mansidão é a qualidade ou estado de ser gentil, suave, terno, ou leve. Aqueles que são tímidos ou 'timidamente não social "de caráter, ou aqueles que não podem se expressar muito bem podem parecer ser mansos". Aqueles que são ingênuos ou aqueles que não ficam com raiva devido ao baixo nível intelectual podem parecer mansos aos olhos das pessoas mundanas.

Mas mansidão espiritual não é simplesmente suavidade e ternura. É ter sabedoria e capacidade de discernir entre o certo e o errado, e ao mesmo tempo ser capaz de compreender e aceitar a todos, porque neles não há nenhum mal. Ou seja, a mansidão espiritual é ter generosidade juntamente com uma característica leve e suave. Se você tem essa generosidade virtuosa, não irá ser leve o tempo todo, mas também terá a dignidade severa quando necessário.

O coração da pessoa mansa é tão suave como o algodão. Se você jogar uma pedra em algodão ou picar com uma agulha, o algodão irá apenas cobrir e abraçar o objeto. Da mesma forma, não importa o como as outras pessoas o tratem, aqueles que são espiritualmente mansos não terão ressentimentos em seu coração em direção a eles. Ou seja, eles não ficam com raiva ou experimentam desconforto, e eles não causam desconforto para os outros, também.

Eles não julgam ou condenam, mas estão entendendo e aceitando. As pessoas vão sentir o conforto de tais pessoas, e muitas pessoas serão capazes de vir e encontrar descanso naqueles que são mansos. É como uma grande árvore com muitos ramos em que as aves podem vir fazer o ninho e descansar sobre os galhos.

Moisés é uma das pessoas que foi reconhecida por Deus pela sua gentileza. Números 12:3 diz: "Ora, Moisés era homem muito humilde, mais do que qualquer homem que estava sobre a face da terra." Na época do Êxodo o número dos filhos de Israel era mais de 600.000 homens adultos. Incluindo mulheres e crianças, teria sido muito mais do que dois milhões. Liderar um grande número de pessoas seria uma tarefa muito difícil para uma pessoa comum.

É especialmente para essas pessoas que tinham corações endurecidos por serem ex-escravos do Egito. Se você apanhasse regularmente, ouvido linguajar chulo e abusivo, e tivesse feito o laborioso trabalho dos escravos, seu coração se tornaria áspero e endurecido. Nesta condição, não é fácil imputar qualquer graça em seus corações ou que eles sejam capazes de amar a Deus com o coração. É por isso que o povo desobedeceu a Deus tantas vezes, mesmo que Moisés lhes mostrasse um poder tão grande.

Quando confrontados com um pouco de dificuldade, eles logo começavam a reclamar e se levantar contra Moisés. Só de ver o fato de que Moisés conduziu essas pessoas no deserto por 40 anos, pode-se entender o quão espiritualmente manso Moisés era. Este coração de Moisés é mansidão espiritual, que é um dos frutos do Espírito Santo.

Mansidão espiritual acompanhada por generosidade

Mas existe alguém que pensa que algo como: "Eu não fico com raiva, e eu acho que eu sou mais manso do que os outros, mas eu realmente não recebo respostas à minha oração. Eu realmente não escuto a voz do Espírito Santo, muito bem?" Então, você deve verificar se a sua gentileza é ou não a mansidão carnal. As pessoas podem dizer que você é manso, se você parece ser suave e calmo, mas é apenas a mansidão carnal.

O que Deus quer é mansidão espiritual. Mansidão espiritual não é só para ser manso e suave, mas tem de ser acompanhada de generosidade virtuosa. Junto com a mansidão de coração, você também deve ter a qualidade da generosidade virtuosa visível no exterior, a fim de cultivar completamente a mansidão espiritual. É o mesmo que uma pessoa com excelente caráter, que está vestindo um terno que combina com seu caráter. Mesmo se uma pessoa tem um bom caráter, se ele anda nu, sem roupa, sua nudez será sua vergonha. Da mesma forma, a mansidão, sem generosidade virtuosa não está completa.

Generosidade virtuosa é como a roupa que faz brilhar a mansidão, mas é diferente de atos legalistas ou hipócritas. Se a santidade não está em seu coração, não pode se dizer que você tem generosidade virtuosa apenas porque você tem boas obras. Se você inclinar de sua direção mostrando atos apropriados ao invés de cultivar o seu coração, é provável que pare para perceber seus defeitos e pensamentos errôneos de que você alcançou o crescimento espiritual, em grande medida.

Mas, mesmo neste mundo, as pessoas que só têm aparências sem ter boas personalidades não irão ganhar o coração dos outros. Na fé, também, concentrando-se nas obras exteriores, sem cultivar a beleza interior se torna sem sentido.

Por exemplo, algumas pessoas agem com retidão, mas julgam e condenam os outros que não agem como eles. Eles também podem insistir em seus próprios padrões quando se trata de outros pensando: 'Este é o caminho certo, então por que eles simplesmente não fazem desta maneira?' Eles podem falar belas palavras quando dão conselhos, mas julgam os outros em seus corações, e falam dentro de sua justiça própria e maus sentimentos. As pessoas não podem encontrar descanso nessas pessoas. Elas irão somente se machucar e desanimar, então eles não irão gostar de permanecer próximo a essas pessoas.

Algumas pessoas também ficam com raiva e ficam irritados dentro de sua justiça própria e do mal. Mas eles dizem que só tem 'indignação' e é para o bem dos outros. Mas aqueles que têm a generosidade virtuosa não perdem a paz de espírito em nenhuma situação.

Se você realmente quer produzir os frutos do Espírito Santo completamente, você não pode apenas cobrir o mal em seu coração com suas aparências externas. Se você fizer isso, faz para se exibir para outras pessoas. Você tem que verificar-se uma e outra vez e escolher o caminho do bem.

Características daqueles que têm produzido o fruto da mansidão

Quando as pessoas veem aqueles que são suaves e têm grandes corações dizem os corações dessas pessoas são como um oceano. O oceano aceita todas as águas poluídas de córregos e rios e purifica-los. Se cultivarmos um coração amplo e suave como o oceano, podemos levar as almas ainda manchadas de pecado para o caminho da salvação.

Se tivermos a generosidade no exterior com mansidão interna, poderemos ganhar os corações de muitas pessoas, e realizaremos grandes coisas. Agora, deixe-me dar-lhes alguns exemplos das características daqueles que têm produzido o fruto da mansidão.

Primeiro, eles são dignos e moderados em suas ações.

Aqueles que aparentam ser suaves em temperamento, mas são realmente indecisos não podem aceitar outros. Eles serão desprezados e usados por outras pessoas. Na história, alguns reis foram mansos em caráter, mas não tinham generosidade virtuosa, então o país não era estável. Mais tarde na história as pessoas avaliam-no não como uma pessoa gentil, mas como incapaz e indeciso.

Por outro lado, alguns reis tinham características fortes e suaves, juntamente com sabedoria acompanhada por dignidade. Sob o domínio de tais reis, o país se manteve estável e as pessoas tiveram paz. Da mesma forma, aqueles que têm tanto a mansidão e a generosidade virtuosa tem um padrão adequado no julgar. Eles fazem o que é justo por discernir o certo e o errado de forma correta.

Quando Jesus purificou o templo e repreendeu a hipocrisia dos fariseus e dos escribas, Era muito forte e severo. Ele tinha um coração gentil, que não "despedaçou a cana quebrada ou apagou o pavio que fumega", mas ainda assim repreendeu severamente o povo quando tinha que fazer. Se você tem muita dignidade e retidão de coração, as pessoas não podem lhe subjugar, mesmo que você nunca levante sua voz ou tente se tornar severo.

Aparência externa também está relacionada a possuir os modos do Senhor e as obras perfeitas do corpo. Aqueles que são virtuosos têm dignidade, autoridade e importância em suas palavras, pois não falam descuidadamente palavras sem sentido. Eles colocam roupas apropriadas para cada ocasião. Eles têm expressões faciais suaves, e não carregadas ou frias.

Por exemplo, suponha que uma pessoa tenha o cabelo desarrumado e roupas, e sua atitude é indigna. Suponha que ele também goste de contar piadas e falar sobre coisas sem sentido. Provavelmente será muito difícil para essa pessoa ganhar a confiança e respeito dos outros. Outras pessoas não gostariam de ser aceitas e ser abraçadas por ele.

Se Jesus tivesse sido brincado o tempo todo, seus discípulos teriam tentado brincar com ele. Então, se Jesus lhes havia ensinado algo difícil, teriam imediatamente argumentar ou insistido em suas próprias opiniões. Mas eles não se atreviam a fazer isso. Mesmo aqueles que se aproximaram dele para discutir realmente não podiam discutir com ele por causa de sua dignidade. Palavras e ações de Jesus sempre tiveram peso e dignidade, para que as pessoas não pudessem simplesmente considerá-lo despreocupado.

Claro que, às vezes, o superior em hierarquia pode fazer uma piada para seus subordinados, a fim de aliviar o clima. Mas se os subordinados brincam juntos sendo mal-educado, isso significa que eles não têm compreensão adequada. Mas se os líderes não são retos, e demonstram aparências dispersas, não poderão adquirir a confiança dos outros, também. Especialmente, superiores em uma empresa devem ter atitudes, discurso e comportamentos adequados.

Um superior na organização pode falar em linguagem nobre e agir respeitosamente diante de seus subordinados, mas, às vezes, se um de seus subordinados demonstra respeito excessivo, este superior, pode falar em linguagem comum, não em formas honoríficas, a fim de colocar seu subordinado à vontade. Nesta situação, não sendo muito educado para deixar a sensação a seu subordinado sinta-se a vontade para que ele possa abrir seu coração mais facilmente desta forma. Mas só porque o superior está colocando seus subordinados à vontade, as pessoas de baixo escalão não devem subjugar seus superiores, discutir com eles, ou desobedecê-los.

Romanos 15:02 diz: "Cada um de nós deve agradar ao seu próximo para o bem dele, para a sua edificação." Filipenses 4:8 diz: "Finalmente, irmãos, tudo o que é verdadeiro, tudo o que é honesto, tudo o que é justo tudo o que é puro tudo o que é amável, tudo o que é de boa fama, se há alguma excelência e se alguma coisa digna de louvor, me debruçar sobre essas coisas". " Da mesma forma, aqueles que são virtuosos e generosos irão fazer tudo com retidão, e eles também têm a consideração para fazer com que as pessoas se sintam confortáveis".

Em seguida, o manso demonstra ações de misericórdia e compaixão tendo um coração amplo.

Eles não só ajudam aqueles que estão em necessidade financeira, mas também aqueles que estão espiritualmente cansados, e fracos confortando-os e mostrando-lhes a graça. Mas, apesar de terem mansidão neles, se essa mansidão só permanece em seu coração, será difícil exalar essa fragrância de Cristo.

Por exemplo, suponha que haja um cristão que esteja sofrendo perseguições por sua fé. Se os líderes da igreja ao seu redor encontrá-lo, sentirão compaixão por ele e irão orar por ele. Eles são os líderes que sentem compaixão apenas em seus corações. Por outro lado, alguns outros líderes pessoalmente o incentivam conforta-o e também ajudá-o em atos e ações de acordo com a situação. Eles fortalecem e o ajudam a superar com fé.

Então, apenas ter a consideração de coração e mostrar as ações reais será muito diferente para a pessoa que está passando por um problema. Quando a mansidão e externada como obras generosas, poderá dar graça e vida para outros. Portanto, quando a Bíblia diz que "o mansos herdarão a terra" (Mateus 5:5), tem uma relação estreita com a fidelidade que mostra como resultado da generosidade virtuosa. Para herdar a terra está relacionado as recompensas celestiais. Normalmente, receber recompensas celestiais esta relacionado com fidelidade. Quando você recebe uma placa de agradecimento, o mérito de honra, ou um prémio para a evangelização da igreja, é um resultado de sua fidelidade.

Da mesma forma, o manso receberá bênçãos, mas não vem apenas do coração manso. Quando esse coração manso é expresso com ações virtuosas e generosas, produzirão o fruto da fidelidade. Eles, então, receberão recompensas como resultado disso. Ou seja, quando você aceitar e abraçar muitas almas com generosidade, confortá-los e incentivá-los e dar-lhes vida, irão herdar a terra no céu através de tais ações.

Para produzir o fruto da gentileza

Agora, como podemos produzir o fruto da gentileza? Conclusivamente falando, devemos cultivar o nosso coração em um bom solo.

E Ele falou-lhes muitas coisas em parábolas, dizendo: "Eis que o semeador saiu a semear, e quando semeava, uma parte da semente caiu à beira do caminho, e vieram as aves e comeram". Outras caíram em lugares pedregosos, onde não havia muita terra, e logo nasceu, porque não tinha terra profunda. Mas quando o sol subiu, eles foram queimados, e porque não tinha raiz, secou-se. Outras caíram entre espinhos, e os espinhos cresceram e sufocaram-nos. E outra caiu em boa terra e deu fruto, um a cem, outro a sessenta e outro a trinta "(Mateus 13:3-8)".

Em Mateus, capítulo 13, o nosso coração é comparado a quatro diferentes tipos de solos. Pode ser classificado em estrada, o campo rochoso, o campo espinhoso, e o bom solo.

O solo do coração que é comparado à beira da estrada tem de ser quebrado de sua justiça própria e egoísmo

A estrada é utilizada por pessoas e é rígida, para que as sementes não possam ser semeadas na mesma. As sementes não podem criar raízes e são comidos pelos pássaros. Aqueles que têm esses corações têm mentes teimosas. Eles não abrem seu coração para a verdade, e não podem encontrar Deus, nem possuem fé.

Seus próprios sistemas de conhecimento e de valores têm sido tão fortemente firmados que não podem aceitar a Palavra de Deus. Eles acreditam fortemente que eles estão certos. A fim de que possam quebrar a sua justiça própria e estruturas, eles têm de demolir o mal no seu coração em primeiro lugar. É difícil quebrar a justiça própria e os quadros se mantêm orgulho, arrogância, teimosia, e falsidades. Tal maldade fará com que a pessoa tenha pensamentos carnais que os impede de crer na Palavra de Deus.

Por exemplo, aqueles que têm acumulado falsidades em suas mentes não podem deixar de duvidar, mesmo que os outros estejam dizendo a verdade. Romanos 8:07 diz: "Porquanto a inclinação da carne é inimizade contra Deus, pois não é sujeita à lei de Deus, nem, em verdade, o pode ser." Como escrito, eles não podem dizer 'Amém 'a Palavra de Deus, nem obedecer.

Algumas pessoas são muito teimosas no início, mas uma vez que recebem a graça e os seus pensamentos são mudados, eles se tornam fervorosos em sua fé. Este é o caso em que eles têm mentes externas endurecidas, mas corações internos macios e suaves. Mas na estrada, pessoas são diferentes dessas pessoas. Existem casos em que seus corações internos também estão endurecidos. Um coração que é endurecido por fora, mas suave no interior pode ser comparado a uma folha fina de gelo, enquanto a estrada pode ser comparada a uma poça de água que está congelada até o fundo.

Porque o coração de beira de estrada tem sido temperado com mentiras e mal por um longo tempo, não é fácil de quebrá-lo em um curto período de tempo. Temos que persistir a quebrá-lo novamente e novamente para cultivá-lo. Sempre que a Palavra de Deus não está de acordo com os seus pensamentos, eles têm que pensar se os seus pensamentos são realmente corretos. Além disso, eles têm de armazenar até atos de bondade para que Deus possa dar-lhes graça.

Às vezes, algumas pessoas me pedem para orar por eles para que eles possam ter fé. Claro, é uma pena que eles não possam ter fé, mesmo depois de testemunhar o poder de Deus e ouvir a Palavra de Deus por tanto tempo, mas ainda é muito melhor do que não tentar nada. No caso do coração como solo de estrada seus familiares e líderes da igreja têm que orar por eles e lidera-los, mas é importante que eles também tenham os seus próprios esforços. Então, em um determinado ponto no tempo, a semente da Palavra começará a brotar em seus corações.

O coração comparado a um campo rochoso tem de espalhar o amor pelo mundo

Se você semear sementes em um campo rochoso, eles vão brotar, mas não podem crescer bem, devido às rochas. Da mesma forma, aqueles que têm o coração como campo rochoso logo cai quando provações, perseguições, ou tentações vêm.

Quando recebem a graça de Deus, eles se sentem como que realmente querem viver pela Palavra de Deus. Eles podem até mesmo experimentar as obras de fogo do Espírito Santo. Ou seja, a semente da Palavra cai sobre o seu coração e ele levanta-se. No entanto, mesmo depois de receber essa graça, pensamentos conflitantes surgem quando estão prestes a ir à igreja no domingo seguinte. Eles certamente experimentaram o Espírito Santo, mas começam a duvidar sentindo que foi um momento de empolgação emocional. Eles têm pensamentos que os fazem duvidar, e fecham a porta do seu coração novamente.

Para outros, o conflito pode ser que eles realmente não conseguem parar seus afazeres ou outros entretenimentos que estão acostumados a apreciar, e não guardam o Dia do Senhor. Se eles são perseguidos por seus familiares ou seus chefes no trabalho, enquanto vivem uma vida cheia do Espírito Santo na fé, eles deixam de frequentar a igreja. Eles recebem muita graça e parecem levar uma vida ardente na fé por algum tempo, mas se têm um problema com outros cristãos na igreja, podem se sentir ofendido e logo deixar a igreja.

Então, qual é a razão pela qual a semente da Palavra não ter raiz? É por causa das 'rochas' que são colocados no coração. A carne do coração é simbolicamente representada por 'rochas' e são essas mentiras que os impedem de obedecer à Palavra. Entre as muitas coisas falsas, estas são as mais difíceis que param a semente da Palavra de formar a raiz. Mais especificamente, é a carne do coração que ama esse mundo.

Se eles amam alguma forma de entretenimento mundano, fica difícil para eles manter a palavra dizendo-lhes: "Mantenha o santo sábado." Além disso, aqueles que têm a rocha da ganância em seu coração não vêm à igreja porque eles odeiam dar o dízimo e oferendas a Deus. Algumas pessoas têm as rochas de ódio em seus corações, para que a palavra de amor não possa se enraizar.

Entre aqueles que estão frequentando bem da igreja, há alguns que têm o coração como do campo rochoso. Por exemplo, mesmo que nasceram e foram criados em famílias cristãs e aprenderam a Palavra desde a infância, não vivem pela Palavra. Eles experimentaram o Espírito Santo e, por vezes, receberam a graça também, mas não lançam fora o seu amor pelo o mundo. Enquanto eles estão ouvindo a Palavra, pensam consigo mesmos que não deviam viver como estão vivendo agora, mas quando voltam para casa irão voltar para o mundo novamente. Eles vivem suas vidas em cima do muro, com um pé no lado de Deus e o outro pé no lado do mundo. Por causa da palavra que ouviram eles não deixam a Deus, mas eles ainda têm muitas rochas em seu coração que impedem a Palavra de Deus se enraizar.

Além disso, alguns campos rochosos são apenas parcialmente

rochosos. Por exemplo, algumas pessoas são fiéis, sem qualquer mudança de espírito. Eles também produzem alguns frutos. Mas eles têm ódio no coração, e eles têm conflitos com os outros de muitas formas. Eles também julgam e condenam, quebrando assim a paz em todos os lugares. Por esta razão, depois de tantos anos, não produzem o fruto do amor ou fruto da mansidão. Outros têm corações gentis e bons. Eles são atenciosos e compreendem dos outros, mas eles não são fiéis. Eles facilmente quebram promessas e são irresponsáveis em muitos aspectos. Então, eles têm que melhorar suas deficiências para arar o campo do coração em uma terra boa.

Agora, o que temos que fazer para arar o campo rochoso?

Primeiro, nós temos que seguir diligentemente a Palavra. Certo cristão tenta cumprir seus deveres em obediência à Palavra que nos manda ser fieis. Mas não é tão fácil como ele pensava.
Quando ele era apenas um membro leigo da igreja que não tinha um título ou posição, outros membros o serviam. Mas agora, em sua posição, ele tem que servir os outros membros leigos. Ele pode estar se esforçando, mas tem ressentimentos quando trabalha com alguém que realmente não concorda com os seus métodos. Seus maus sentimentos como ressentimento e forte temperamento fluem de seu coração. Ele perde gradualmente a plenitude do Espírito, e ainda pensa em abandonar o seu dever.

Então, esses maus sentimentos são as rochas que ele tem que lançar fora do seu campo do coração. Esses maus sentimentos são derivados da grande rocha chamada 'ódio'. Quando ele tenta obedecer a Palavra, "ser fiel", ele enfrenta agora a rocha chamada 'ódio'. Quando ele descobre isso, tem que atacar esta pedra chamada 'ódio' e arranca-la para fora. Só então ele poderá obedecer a Palavra que diz-nos a amar e ter paz. Além disso, ele não deve desistir só porque é difícil, mas ele tem que manter o seu dever ainda mais firme e cumpri-lo com mais paixão. Dessa forma, poderá se transformar em um trabalhador que é manso.

Em segundo lugar, temos que orar fervorosamente ao praticar a Palavra de Deus. Quando a chuva cai sobre o campo, ela vai a tornar úmida e macia. É um bom momento para remover as pedras. Da mesma forma, quando oramos, seremos cheio do Espírito Santo, e nosso coração se tornará macio. Quando estamos cheios do Espírito Santo, através de orações, não devemos perder essa chance. Temos de tirar rapidamente as rochas. Ou seja, temos de colocar imediatamente em prática as coisas que não podíamos realmente obedecer antes. À medida que continuamos a fazer isso de novo e de novo, até mesmo as grandes pedras colocadas no fundo podem ser abaladas soltas e puxadas para fora. Quando recebemos a graça e a força que Deus deu do alto de receber a plenitude do Espírito Santo, então podemos lançar os pecados e o mal que não poderíamos lançar fora, com a nossa própria força de vontade.

O campo espinhoso não dá fruto devido a preocupações do mundo e a sedução das riquezas

Se semearmos sementes em lugares espinhosos, elas podem germinar e crescer, mas devido aos espinhos não podem produzir qualquer fruto. Da mesma forma, aqueles que têm o coração como de campos espinhosos acreditam e tentam praticar a Palavra que é dada, mas não podem colocar a Palavra em pratica por completo. Isso porque eles têm preocupações do mundo, e sedução das riquezas, que é a ganância por dinheiro, fama e poder. Por esta razão, eles vivem em aflições e provações.

Essas pessoas têm preocupações constantes de coisas físicas, tais como tarefas de casa, seus negócios, ou o seu trabalho do dia seguinte, apesar de irem à igreja. Eles supostamente para adquirem conforto e uma nova força ao irem para o culto na igreja, mas eles só têm muitos aborrecimentos e preocupações. Então, mesmo que gastem muitos domingos na igreja, não podem provar a verdadeira alegria e paz de guardar o domingo santo. Se eles realmente acreditam em guardar o domingo santo, suas almas prosperarão e iria receber as bênçãos espirituais e materiais. Mas, eles não são capazes de receber essas bênçãos. Então, têm de remover os espinhos e praticar a Palavra de Deus corretamente, para que possam ter uma boa terra no coração.

Agora, como podemos arar o campo espinhoso?

Temos que tirar os espinhos na raiz. Espinhos simbolizam pensamentos carnais. Suas raízes simbolizam maldade e coisas da carne do coração. Ou seja, os atributos do mal e da carne no coração são as fontes de pensamentos carnais. Se os ramos forem cortados dos espinheiros, eles crescerão novamente. Da mesma forma, fazemos o mesmo em nossa mente para não termos pensamentos carnais, não podemos impedi-los, desde que temos o mal em nossos corações. Temos que tirar a carne do coração a partir da raiz.

Entre as muitas raízes, se retirarmos as raízes chamadas ganância e arrogância, poderemos lançar fora a carne do nosso coração de forma significativa. Estaremos aptos a se comprometer com o mundo e se preocupar com as coisas do mundo, porque temos ganância por coisas carnais. Então, sempre pensaremos sobre o que nos auto beneficia e seguiremos o nosso próprio caminho, embora possamos dizer que estamos vivendo pela Palavra de Deus. Além disso, se nós temos a arrogância não podemos obedecer completamente também. Nós utilizamos sabedoria carnal e os nossos pensamentos carnais, porque pensamos que somos capazes de fazer alguma coisa. Portanto, primeiro temos que tirar as raízes chamadas ganância e arrogância.

Cultive um bom solo

Quando as sementes são semeadas em um bom solo, eles brotam e crescem a dão frutos 30, 60 ou 100 vezes mais. Aqueles que têm esses solos no coração não tem justiça própria e auto estruturas como aqueles corações que tem solo a beira de estrada. Eles não têm quaisquer pedras ou espinhos, e, assim, eles obedecem a Palavra de Deus com apenas 'Sim' e 'Amém'. Desta forma, eles podem produzir frutos abundantes.

Claro, é difícil fazer uma distinção clara entre a beira da estrada, campo rochoso, campo espinhoso, e bom solo do coração dos homens como se estivéssemos analisando-os com alguma medida. Um coração na beira estrada pode conter algum solo rochoso. Mesmo o bom solo pode conter algumas mentiras que são como rochas no processo de crescimento. Mas não importa que tipo de campo, podemos torná-lo um bom solo, se diligentemente cultiva-lo. Da mesma forma, o importante é a forma como estamos diligentemente arando o campo e não que tipo de campo temos.

Mesmo um enorme terreno baldio pode ser cultivado em um campo de terra boa, se o fazendeiro ara com muito afinco. Da mesma forma, os campos de coração dos homens podem ser mudados pelo poder de Deus. Até mesmo os corações endurecidos, como a beira da estrada podem ser lavrados com a ajuda do Espírito Santo.

Claro, receber o Espírito Santo não significa necessariamente que os nossos corações serão automaticamente transformados.

Deve ser através do nosso próprio esforço, também. Temos que orar fervorosamente, e pensar somente na verdade em tudo, e praticar a verdade. Não devemos desistir depois de tentar várias semanas ou mesmo meses, mas temos que continuar tentando.

Deus considera nosso esforço antes que nos conceda a Sua graça e poder e com a ajuda do Espírito Santo. Se tivermos em mente que temos de mudar e realmente mudarmos essas características, pela graça e poder de Deus e com a ajuda do Espírito Santo, então se tornará definitivamente muito diferente depois de um ano. Iremos falar boas palavras seguindo a verdade, e os nossos pensamentos irão se transformar em bons pensamentos que são a verdade.

Na medida em que nós lavramos o nosso campo do coração em terra boa, outros frutos do Espírito Santo também serão produzidos em nós. Em particular, mansidão está intimamente relacionado com o cultivo do nosso campo do coração. A menos que retiremos várias mentiras, como forte temperamento, o ódio, a inveja, a ganância, brigas, vanglória, e justiça própria, não teremos a mansidão. Em seguida, outras almas não encontrarão descanso em nós.

Por esta razão, mansidão está mais diretamente relacionada com a santidade do que outros frutos do Espírito Santo. Nós podemos receber rapidamente qualquer coisa que pedimos em oração como o bom solo que produz fruto, se cultivarmos mansidão espiritual. Também seremos capazes de ouvir a voz do Espírito Santo, de forma clara, para que possamos ser guiados a caminhos prósperos em todas as coisas.

Bênçãos para o manso

Não é fácil administrar uma empresa que tem centenas de

funcionários. Mesmo que você tenha se tornado líder de um grupo por eleição, não é fácil liderar todo o grupo. Para ser capaz de unir tantas pessoas e lidera-los, deve-se ser capaz de ganhar o coração das pessoas através de mansidão espiritual.

Claro, as pessoas podem acompanhar aqueles que têm poder ou aqueles que são ricos e parecem ajudar os necessitados no mundo. Um ditado coreano diz, "Quando o cão de um ministro morre, há uma enxurrada de pranto, mas quando o próprio ministro morre, não há pranto." Como neste ditado, podemos descobrir se uma pessoa realmente tinha a qualidade da generosidade quando ele perde o seu poder e riqueza. Quando uma pessoa é rica e poderosa, as pessoas parecem segui-la, mas é difícil encontrar alguém que fique com uma pessoa até o fim, mesmo que ele perca todo o seu poder e riqueza.

Mas aquele que tem a virtude e a generosidade é seguido por muitas pessoas, mesmo que ele perca seu poder e riqueza. Eles o seguem não para ganho monetário, mas para encontrar descanso nele.

Mesmo na igreja, alguns líderes dizem que é difícil, porque eles não são capazes de aceitar e abraçar apenas pequeno grupo de membros de células. Se eles querem ter avivamento em seu grupo, eles devem primeiramente cultivar um coração manso que é tão suave como o algodão. Em seguida, os membros irão encontrar descanso em seus líderes, desfrutando de paz e felicidade, assim o renascimento seguirá automaticamente. Pastores e ministros devem ser muito gentis e serem capaz de aceitar muitas almas.

Existem bênçãos dadas aos mansos. Mateus 5:5 diz: "Bem-aventurados os mansos, porque eles herdarão a terra." Como mencionado anteriormente, para herdar a terra não significa que receberá terra aqui neste mundo. Significa que receberá terra no céu, na medida em que temos cultivado mansidão espiritual em nosso coração. Receberemos uma casa grande o suficiente no céu para que possamos convidar toda alma que encontrou descanso em nós.

Conseguir tal uma grande morada no céu também significa que vamos estar em uma posição muito honrosa, também. Mesmo que tenhamos um grande pedaço de terra na Terra tal, não podemos levá-la para o céu. Mas a terra que recebemos no céu por cultivar um coração suave, será a nossa herança que não desaparecerá para sempre. Vamos desfrutar a felicidade eterna no nosso lugar, juntamente com o Senhor e nossos entes queridos.

Portanto, eu espero que você diligentemente cultive o seu coração para produzir o belo fruto da mansidão, de modo que você possa herdar um grande pedaço de terra como sua herança no reino celestial como a de Moisés.

1 Coríntios 09:25

"E todo aquele que luta de tudo se abstém; eles o fazem para alcançar uma coroa corruptível; nós, porém, uma incorruptível."

Capítulo 10

Domínio Próprio

O domínio próprio é necessário em todos os aspectos da vida
O domínio próprio é fundamental para os filhos de Deus
O domínio próprio aperfeiçoa os frutos do Espírito Santo
Evidências de que o fruto do domínio próprio é exercido
Se você quiser produzir o fruto do domínio próprio

Domínio Próprio

A maratona é uma corrida de 42,195 km (26 milhas e 385 jardas). Os corredores têm de gerir bem o seu ritmo para chegar à linha de chegada. Não é uma corrida de curta distância, que termina de forma rápida, de modo que não deve ser executada em plena velocidade de forma aleatória. Eles têm de manter um ritmo muito constante ao longo de todo o curso, e quando chegar a um ponto apropriado, eles pode dar o último tiro de energia.

O mesmo princípio se aplica às nossas vidas. Temos que estar constantemente fieis até o fim na nossa corrida da fé e vencer a luta contra nós mesmos para alcançar a vitória. Além disso, aqueles que querem receber gloriosas coroas no reino celestial devem ser capazes de exercer o domínio próprio em todas as coisas.

O domínio próprio é necessário em todos os aspectos da vida

Podemos ver neste mundo que aqueles que não têm domínio próprio tornam suas vidas complexas e causam dificuldades para si mesmos. Por exemplo, se os pais dão muito amor a seu filho só porque ele é o único filho, é muito provável que a criança será mimada. Além disso, embora eles saibam que têm de gerir e cuidar de suas famílias, aqueles que são viciados em jogos de azar ou outras formas de prazer arruínam suas famílias, porque eles não conseguem se controlar. Eles dizem: "Esta será a última vez. Eu não vou mais fazer isso", mas esse é a" última vez "continua a ter lugar novamente e novamente.

No famoso romance histórico chinês Romance dos Três Reinos, Zhang Fei está cheio de coragem e carinho, mas ele é malhumorado e agressivo. Liu Bei e Guan Yu, que juraram fraternidade com ele, estão sempre preocupados que ele possa cometer erros a qualquer momento. Zhang Fei recebe muitos conselhos, mas ele não consegue mudar seu caráter. Eventualmente, ele enfrenta problemas por causa de seu temperamento forte. Ele bate e castiga seus subordinados que não cumprem as suas expectativas, e dois homens que se sentiram injustamente punidos guardaram rancor contra ele, assassinaram-no e se entregaram para o campo inimigo.

Da mesma forma, aqueles que não controlam seus temperamentos ferem os sentimentos de muitas pessoas em casa e no local de trabalho. É fácil para eles causar inimizade entre si e os outros, e, portanto, não são susceptíveis a levar uma vida próspera. Mas aqueles que são sábios irão colocar a culpa em si mesmos e suportar com outras pessoas, mesmo em situações que provocam raiva. Mesmo que os outros cometam grandes erros, eles controlam seus temperamentos e tocam os corações dos outros com palavras de conforto. Tais atos são atos sábios que ganham os corações de muitas pessoas e permitem a sua vida a florescer.

Domínio próprio, fundamental para os filhos de Deus.

Mais basicamente, nós, como filhos de Deus, precisamos de domínio próprio, a fim de lançar fora os pecados. Quanto menos domínio próprio tivermos, mais sentiremos dificuldade em lançar fora os pecados. Quando ouvimos a Palavra de Deus e recebemos sua graça, fazemos com que a nossa mente mude a nós mesmos, mas ainda sim podemos ser tentados pelo mundo novamente.

Podemos ver isso com as palavras que vêm de nossos lábios.

Muitas pessoas oram para que seus lábios sejam santos e perfeitos. Mas, em suas vidas, eles esquecem o que oraram, e só falam o que querem, seguindo seus velhos hábitos. Quando eles veem algo acontecer que é difícil para entenderem porque vai contra o que eles pensam ou acreditam, algumas pessoas logo resmungam e reclamam.

Eles podem se arrepender depois de reclamar, mas não conseguem se controlar quando suas emoções são agitadas. Além disso, algumas pessoas gostam de falar tanto que não conseguem parar, uma vez que começam a falar. Eles não têm o discernimento entre as palavras da verdade e da mentira, e as coisas que eles devem dizer e as que não, por isso cometem muitos erros.

Nós podemos entender o quão importante o domínio próprio é observando esse aspecto de controlar as nossas palavras.

O domínio próprio aperfeiçoa os frutos do Espírito Santo

Mas o fruto do domínio próprio, como em um dos frutos do Espírito Santo, não se limita a nos controlar de cometer pecados. O domínio próprio como em um dos frutos do Espírito Santo controla outros frutos do Espírito Santo para que eles possam se tornar perfeitos. Por esta razão, o primeiro fruto do Espírito é amor e o último é o domínio próprio. Domínio Próprio é relativamente menos perceptível do que os outros frutos, mas é muito importante. Ele controla tudo para pode haver estabilidade, organização e solidez. Ele é mencionado por último entre outros frutos do Espírito, porque todos os outros frutos podem ser aperfeiçoados através do domínio próprio.

Por exemplo, embora tenhamos o fruto da alegria, não podemos simplesmente expressar nossa alegria em qualquer lugar e a qualquer momento. Quando outras pessoas estão de luto em um funeral, se você tem um grande sorriso em seu rosto, o que eles poderiam dizer sobre você? Eles não vão dizer que você é gracioso por estar produzindo o fruto da alegria. Mesmo que a alegria de receber a salvação é tão grande, é preciso controlá-la de acordo com as situações. Desta forma, podemos fazê-lo um verdadeiro fruto do Espírito Santo.

É importante ter domínio próprio quando somos fiéis a Deus também. Especialmente, se você tem muitas funções, terá que alocar o seu tempo de forma adequada para que possa estar no lugar onde você precisa estar no momento mais apropriado. Mesmo quando uma reunião particular é muito graciosa, você precisa terminá-la quando ela precisa ser concluída. Da mesma forma, para ser fiel em toda casa de Deus, precisamos do fruto do domínio próprio.

É o mesmo com todos os outros frutos do Espírito Santo, incluindo o amor, a misericórdia, a bondade, etc. Quando os frutos que são produzidos no coração são mostrados em ações, temos que seguir a orientação e voz do Espírito Santo, para torná-lo o mais adequado. Nós podemos priorizar o trabalho a ser feito primeiro e o que pode ser feito mais tarde. Podemos determinar se devemos avançar ou recuar. Nós podemos ter esse tipo de discernimento através deste fruto do domínio próprio.

Se alguém tem produzido todos os frutos do Espírito Santo por completo, isso significa que ele está seguindo os desejos do Espírito Santo em todas as coisas. Para seguir os desejos do Espírito Santo e agir com perfeição, temos que ter o fruto do domínio próprio. É por isso que dizemos que todos os frutos do Espírito Santo são completos através deste fruto do domínio próprio, o último fruto.

Evidências do fruto do domínio próprio sendo alcançado

Quando outros frutos do Espírito Santo suportados no coração são mostrados externamente, o fruto do domínio próprio torna-se como um centro de arbitragem que dá harmonia e ordem. Mesmo quando tomamos algo bom no Senhor, tendo tudo o que puder nem sempre será o melhor. Nós dizemos que algo em excesso é pior do que algo deficiente. Em espírito, também, temos que fazer tudo com moderação seguindo as vontades do Espírito Santo.

Agora, deixe-me explicar como o fruto do domínio próprio pode ser mostrado em detalhes.

Primeiro, vamos seguir a ordem ou hierarquia em todas as coisas.

Ao compreender a nossa posição na ordem, vamos entender quando devemos agir ou não, e as palavras que devemos ou não falar. Então, não haverá quaisquer disputas, brigas ou desentendimentos. Além disso, nós não fazemos nada que seja impróprio ou coisas que vão além dos limites de nossa posição. Por exemplo, suponha que o líder de um grupo de missões pediu ao administrador para fazer um determinado trabalho. Este administrador é cheio de paixão, e ele sente que teve uma ideia melhor, então ele mudou algumas coisas a seu critério e fez o trabalho em conformidade. Então, mesmo que ele tenha trabalhado com tanta paixão, ele não manteve a ordem, mudando as coisas por falta de domínio próprio.

Deus pode nos recompensar de grande forma quando seguimos a ordem de acordo com as posições diferentes em grupos missionários da igreja, como o presidente, vice-presidente, administrador, secretário, ou tesoureiro. Nossos líderes podem ter diferentes maneiras de fazer as coisas do que a nossa. Então, apesar de nossos próprios meio parecer muito melhor e são susceptíveis de produzir muito mais frutos, não podemos dar bons frutos se a ordem e a paz forem quebradas. Satanás sempre intervém quando a paz é quebrada, e a obra de Deus será prejudicada. A não ser que uma determinada coisa seja completamente mentira, temos que pensar em todo o grupo, e obedecer e buscar a paz de acordo com a ordem para que tudo possa ser feito de forma bela.

Em segundo lugar, podemos considerar o conteúdo, o momento e local, mesmo quando fazemos algo bom.

Por exemplo, clamar em oração é algo bom, mas se você gritar em qualquer local aleatório, sem critério, pode desonrar a Deus. Além disso, quando você prega o evangelho ou visita os membros para oferecer orientação espiritual, deve ter discernimento das palavras que você fala. Mesmo que você entenda algumas coisas espirituais profundas, você não pode simplesmente falar para todos. Se você entregar algo que não se ajusta com a medida da fé do ouvinte, pode causar a pessoa tropeço ou julgamento e condenação.

Em alguns casos, uma pessoa pode dar o seu testemunho ou entregar o que ele tenha entendido espiritualmente para as pessoas que estão ocupadas com outros trabalhos. Mesmo que o conteúdo seja muito bom, ele não pode realmente edificar os outros, a menos que seja entregue em uma situação apropriada. Mesmo que os outros possam estar o ouvindo para não ser rude com ele, eles não podem realmente prestar atenção ao testemunho porque estão ocupados e nervosos. Deixe-me dar outro exemplo. Quando uma paróquia inteira ou um grupo de pessoas tem um encontro comigo para consulta, e se uma pessoa continua a contar os seus testemunhos, o que aconteceria com essa reunião? Essa pessoa está dando glória a Deus, porque esta cheia de graça e do Espírito. Mas, como resultado, este indivíduo esta pessoalmente usando o tempo todos que estão alocados no grupo. Isto é devido à falta de domínio próprio. Mesmo que você esteja fazendo algo muito bom, você deve considerar todos os tipos de situações e ter domínio próprio.

Em terceiro lugar, não somos impacientes ou apressados, mas calmos, para que sejamos capazes de reagir a cada situação com discernimento.

Aqueles que não têm domínio próprio são impacientes e não têm consideração pelos outros. Como se apressam eles tem menos poder de discernimento, e pode perder algumas coisas importantes. Eles apressadamente julgam e condenam o que causa desconforto entre outros. Para aqueles que estão impacientes quando escutam ou respondem a outros, eles cometem muitos erros. Não devemos interromper impacientemente enquanto outra pessoa está falando. Devemos ouvir atentamente até o fim, para que possamos evitar conclusões precipitadas. Além disso, desta forma, podemos entender a intenção dessa pessoa e reagir a ela de acordo.

Antes de receber o Espírito Santo, Pedro teve um caráter externo impaciente. Ele tentou desesperadamente controlar-se diante de Jesus, mas mesmo assim, às vezes, seu caráter era revelado. Quando Jesus disse a Pedro que ele o negaria antes da crucificação, Pedro imediatamente refutou o que Jesus disse, dizendo que ele nunca negaria o Senhor.

Se Pedro tivesse o fruto do domínio próprio, ele não teria discordado de Jesus, mas teria tentado encontrar a resposta correta. Se ele soubesse que Jesus é o Filho de Deus, e que Ele nunca diria algo sem sentido, ele deveria ter mantido as palavras de Jesus em sua mente. Ao fazer isso, ele poderia ter sido cauteloso o suficiente para que isso não tivesse acontecido. Discernimento apropriado que nos permite reagir adequadamente vem do domínio próprio.

Os judeus tinham grande orgulho de si mesmos. Eles eram tão orgulhosos de que mantiveram a Lei de Deus de forma estrita. E uma vez que Jesus repreendeu os fariseus e os saduceus, que eram os líderes políticos e religiosos, eles não poderiam ter sentimentos favoráveis para com ele. Especialmente, quando Jesus disse que Ele era o Filho de Deus, eles consideraram uma blasfêmia. Naquela época, a Festa dos Tabernáculos estava próxima. Em todo o tempo da colheita, eles montaram as barracas para lembrar o Êxodo e dar graças a Deus. As pessoas costumavam subir a Jerusalém para celebrar a festa.

Mas Jesus não estava indo para Jerusalém, embora a festa estivesse próxima, e seus irmãos pediram-lhe para ir a Jerusalém, mostrar milagres, e se revelar para ganhar o apoio de pessoas (João 7:3-5). Eles disseram: "Porque ninguém faz coisa alguma em oculto, quando ele mesmo procura ser conhecido publicamente" (v.4). Mesmo que algo parece estar tão razoável, não tem relação com Deus, a menos que esteja de acordo com Sua vontade. Por causa de seus próprios pensamentos, até mesmo os irmãos de Jesus pensaram que não estava certo quando viram Jesus à espera de seu tempo em silêncio.

Se Jesus não tivesse domínio próprio, ele teria ido a Jerusalém imediatamente para revelar-se. Mas ele não estava abalado com as palavras de Seus irmãos. Ele só esperava o momento adequado e para que a providência de Deus fosse revelada. E então Ele subiu a Jerusalém silenciosamente despercebida pelas pessoas depois que todos os irmãos tinham ido a Jerusalém. Ele agiu por vontade de Deus sabendo exatamente quando for e quando ficar.

Se você quiser produzir o fruto do domínio próprio

Quando falamos com os outros, muitas vezes as suas palavras e corações internos são diferentes. Alguns tentam revelar falhas de outras pessoas, a fim de encobrir suas próprias falhas. Eles podem pedir algo para cumprir sua ganância, mas eles pedem como se fosse um pedido de outra pessoa. Eles parecem fazer uma pergunta para entender a vontade de Deus, mas na verdade, estão tentando tirar a resposta que eles querem. Mas se você falar calmamente com eles irá ver que o seu coração eventualmente é revelado.

Aqueles que têm domínio próprio não serão facilmente abalados com as palavras de outras pessoas. Eles podem calmamente ouvir os outros e podem discernir a verdade por obras do Espírito Santo. Se eles discernem com domínio próprio e respondem, eles podem reduzir muitos erros que podem ser causados devido a decisões erradas. Nessa medida, eles têm a autoridade e o peso de suas palavras, de modo que as suas palavras podem ter um impacto mais pesado sobre os outros. Agora, como podemos produzir este importante fruto do domínio próprio?

Em primeiro lugar, devemos ter corações imutáveis.

Temos que cultivar corações verdadeiros que não têm falsidade ou esperteza. Então, poderemos ter o poder de fazer o que decidirmos fazer. Claro, não podemos simplesmente cultivar esse tipo de coração durante a noite. Precisamos continuar treinando a nós mesmos, começando mantendo nossos corações nas pequenas coisas.

Havia certo mestre e seus aprendizes. Um dia, eles estavam passando por um lugar no mercado e alguns dos comerciantes no mercado se desentenderam com eles e começaram uma discussão. Os discípulos ficaram furiosos e entraram na briga, mas o mestre estava calmo. Depois que voltou do mercado, ele tirou do armário um maço de cartas. As cartas continham conteúdos que o criticaram infundadamente, e mostrou-lhes a seus alunos.

Então ele disse: "Eu não posso evitar ser mal interpretado. Mas eu não me importo em ser incompreendido pelas pessoas. Eu não posso evitar a primeira impureza que vem a mim, mas eu posso evitar a loucura de tomar a segunda impureza".

Aqui, a primeira impureza está em tornar-se um objeto de fofocas de outras pessoas. A segunda imundícia é ter sentimentos desconfortáveis e entrar em discussões e brigas por causa de tais fofocas.

Se pudermos ter um coração que é como o desse mestre, não seremos abalados por qualquer tipo de situação. Mas, em vez disso seremos capazes de manter nossos corações e nossas vidas estarão em paz. Aqueles que podem guardar o seu coração podem-se controlar em tudo. Na medida em que deixamos de lado todo tipo de mal, como ódio, inveja e ciúme, seremos confiáveis e amados por Deus.

As coisas que os meus pais me ensinaram na minha infância me ajudaram muito no meu ministério pastoral. Enquanto eu fui ensinado sobre formas adequadas de expressão, andamentos e costumes e comportamentos adequados, aprendi a guardar o meu coração e me controlar. Uma vez que decidido em nossas mentes, temos que mantê-lo e não mudá-lo seguindo o nosso próprio benefício. À medida que se acumulam tais esforços, acabaremos por ter um coração imutável e iremos adquirir o poder do domínio próprio.

Em seguida, temos que nos treinar para ouvir os desejos do Espírito Santo, não considerando a nossa própria opinião em primeiro lugar.

Na medida em que aprendemos a Palavra de Deus, o Espírito

Santo nos faz ouvir a sua voz através da Palavra que aprendemos. Mesmo se formos injustamente acusados, o Espírito Santo nos diz para perdoar e amar. Então, podemos pensar: 'Essa pessoa deve ter uma razão para fazer o que ele está fazendo. Vou tentar deixar sua incompreensão e ir embora raciocinando com ele de uma forma amigável. Mas, se o nosso coração tem mais mentiras, vamos primeiro ouvir a voz de Satanás. 'Se eu deixá-lo sozinho, ele vai continuar olhando para mim. Devo ensinar-lhe uma lição. "Mesmo se pudéssemos ouvir a voz do Espírito Santo, iriamos perder, porque ela é muito fraca em comparação com os maus pensamentos esmagadores".

Portanto, podemos ouvir a voz do Espírito Santo quando diligentemente lançarmos fora as mentiras que estão em nossos corações e guardarmos a Palavra de Deus em nossos corações. Nós seremos capazes de ouvir cada vez mais a voz do Espírito Santo como obedecemos mesmo à voz fraca do Espírito. Temos que tentar ouvir a voz do Espírito Santo, em primeiro lugar, e não o que nós pensamos que é mais urgente e que achamos que é bom. Então, quando ouvimos a Sua voz e recebemos a Sua insistência, temos que obedecê-la e colocá-la em prática. À medida que nos treinamos para prestar atenção e obedecemos aos desejos do Espírito Santo o tempo todo, seremos capazes de discernir a voz ainda que muito fraca do Espírito Santo. Então, vamos ser capazes de ter harmonia em todas as coisas.

Em certo sentido, pode parecer que o domínio próprio tem o caráter menos proeminente entre todos os nove frutos do Espírito Santo. No entanto, é necessário em todas as áreas dos vários frutos. É o domínio próprio que controla todos os outros oito frutos do

Espírito Santo: amor, alegria, paz, longanimidade, benignidade, bondade, fidelidade, a mansidão. Além disso, todos os outros oito frutos serão completos somente com o fruto do domínio próprio, e por esta razão o último fruto domínio próprio é importante.

Cada um desses frutos do Espírito Santo são mais preciosos e belos do que qualquer uma das pedras preciosas do mundo. Nós podemos receber tudo o que pedimos em oração e vamos prosperar em todas as coisas se tivermos os frutos do Espírito Santo. Também podemos revelar a glória de Deus, manifestando o poder e a autoridade da Luz neste mundo. Eu espero que você vá além para possuir e frutos do Espírito Santo mais do que qualquer tesouro deste mundo.

Contra Estas Coisas Não Há Lei

Gálatas 5:22-23

"Mas o fruto do Espírito é:

Amor, alegria, paz, paciência,

benignidade, bondade, fidelidade, mansidão, domínio próprio;

contra estas coisas não há lei."

Capítulo 11

Contra estas coisas não há lei

Porque fostes chamados à liberdade
Caminhe pelo Espírito
O primeiro dos nove frutos é amor
Contra estas coisas não há lei

Contra estas coisas não há lei

O apóstolo Paulo foi o judeu dos judeus, e ele estava indo para Damasco para prender cristãos. Em seu caminho, no entanto, ele conheceu o Senhor e se arrependeu. Ele não conhecia a verdade do evangelho, em que somos salvos pela fé em Jesus Cristo, mas depois que ele recebeu o dom do Espírito Santo, chegou a liderar a evangelização dos gentios pela orientação do Espírito Santo.

Os nove frutos do Espírito Santo são registrados no capítulo 5 do livro de Gálatas, que é uma de suas epístolas. Se entendermos as situações da época, podemos entender a razão pela qual Paulo escreveu Gálatas e como é importante para os cristãos produzir os frutos do Espírito.

Porque fostes chamados à liberdade

Em sua primeira viagem missionária, Paulo foi para a Galácia. Na sinagoga, ele não pregou a Lei de Moisés e da circuncisão, mas somente o evangelho de Jesus Cristo. Suas palavras foram confirmadas por sinais seguintes, e muitas pessoas receberam a salvação. Os cristãos na igreja da Galácia o amavam tanto que, se fosse possível, eles teriam arrancado os olhos e dado a Paulo.

Depois que Paulo terminou a sua primeira viagem missionária e voltou para Antioquia, surgiu um problema na igreja. Algumas pessoas vieram da Judéia ensinavam que os gentios tinham de ser circuncidados para receber a salvação. Paulo e Barnabé tiveram grande dissensão e debate com eles.

Os irmãos resolveram que Paulo e Barnabé e alguns outros subissem a Jerusalém, aos apóstolos e aos anciãos, sobre esta questão. Eles sentiram a necessidade de se chegar a uma conclusão sobre a Lei de Moisés, enquanto a pregação do evangelho aos gentios tanto na igreja de Antioquia e Galácia.

Atos capítulo 15 retrata as situações antes e depois do Concílio de Jerusalém, e com isso podemos inferir quão grave era a situação na época. Os apóstolos, que eram os discípulos de Jesus, e os anciãos, representantes da igreja se reuniram e tiveram discussões acaloradas, e eles concluíram que os gentios tinham de se abster de coisas contaminadas por ídolos, da prostituição, do que é sufocado e do sangue.

Eles enviaram homens a Antioquia para entregar a carta oficial que escreveram sobre a conclusão do Conselho, uma vez que Antioquia era o centro de evangelização dos gentios. Eles deram um pouco de liberdade para os gentios em manter a Lei de Moisés, porque seria muito difícil para eles manter a Lei, assim como os judeus. Dessa forma, qualquer gentio poderia receber a salvação crendo em Jesus Cristo.

Atos 15:28-29 diz: "Pois pareceu bem ao Espírito Santo e a nós não vos impor maior encargo além destas essenciais: que vos abstenhais das coisas sacrificadas aos ídolos, e do sangue, e de coisas estranguladas, e de fornicação; se você manter-se livre de tais coisas, você vai fazer bem. Adeus.".

A conclusão do Concílio de Jerusalém foi entregue às igrejas, mas aqueles que não compreenderam a verdade do evangelho e do caminho da cruz continuaram ensinando nas igrejas que os cristãos tinham que guardar a Lei de Moisés. Alguns falsos profetas também entraram na igreja e causaram contendas entre os cristãos criticando o apóstolo Paulo, que não ensinou a lei.

Quando tal incidente ocorreu na igreja da Galácia, o apóstolo Paulo explicou sobre a verdadeira liberdade dos cristãos em sua carta. Dizendo que ele usou para manter a Lei de Moisés de forma muito rigorosa, mas tornou-se um apóstolo para os gentios depois de conhecer o Senhor, ensinou-lhes a verdade do evangelho dizendo, "Esta é a única coisa que eu quero saber de você: você recebeu o Espírito pelas obras da lei, ou pela pregação da fé? Sois vós tão insensatos? Tendo começado pelo Espírito, está agora a ser aperfeiçoado pela carne? Você sofreu tantas coisas em vão, se de fato foi em vão? Então, será que Ele, que fornece-lhe com o Espírito e opera milagres entre vós, faça-o pelas obras da lei, ou pela pregação da fé? "(Gálatas 3:2-5).

Ele afirmou que o evangelho de Jesus Cristo que ele ensinou é verdade porque foi revelação de Deus, e a razão pela qual os gentios não têm de circuncidar seu corpo foi porque o importante era a circuncidar seu coração. Ele também lhes ensinou sobre os desejos da carne e os do Espírito Santo e sobre as obras da carne e os frutos do Espírito Santo. Para fazê-los a entender como deveriam usar sua liberdade que adquiriram com a verdade do evangelho.

Caminhe pelo Espírito

Então, qual é a razão pela qual Deus deu a Lei de Moisés? Foi porque as pessoas eram más e eles não o reconheciam pecados como pecado. Deus deixá-los ter um entendimento sobre os pecados, e deixá-los a resolver o problema dos pecados e alcançar a justiça de Deus. Mas o problema dos pecados não pode ser completamente resolvido pelas obras da lei, e por este motivo, Deus permitiu que as pessoas alcançassem a justiça de Deus mediante a fé em Jesus Cristo. Gálatas 3:13-14 diz: "Cristo nos resgatou da maldição da lei, fazendo-se maldição por nós, porque está escrito:

Maldito todo aquele que for pendurado no madeiro", a fim de que em Cristo Jesus a bênção de Abraão chegasse aos gentios, para que pudéssemos receber a promessa do Espírito mediante a fé".

Mas isso não significa que a lei foi abolida. Jesus disse em Mateus 5:17, "Não penseis que vim revogar a Lei ou os profetas: não vim para abolir, mas para cumprir", e disse o seguinte versículo 20, "Pois eu vos digo que, se não vossa justiça não exceder a dos escribas e fariseus, não entrareis no reino dos céus.".

O apóstolo Paulo disse aos cristãos na igreja da Galácia, "Meus filhos, por quem sofro novamente em trabalho de parto, até ser Cristo formado em vós" (Gálatas 4:19), e em conclusão, ele aconselhou-os, dizendo: "Porque vós, irmãos, fostes chamados à liberdade. Não useis então da liberdade para dar ocasião à carne, mas servi-vos uns aos outros pelo amor. Porque toda a lei se cumpre numa só palavra, nesta: Amarás ao teu próximo como a ti mesmo." (Gálatas 5:13-15).

Como filhos de Deus que receberam o Espírito Santo, o que temos que fazer, a fim de servir um ao outro por meio do amor, até que Cristo seja formado em nós? Temos que andar pelo Espírito Santo, de modo que não realizaremos os desejos da carne. Podemos amar os nossos vizinhos e termos a forma de Cristo em nós, se tivermos os nove frutos do Espírito Santo através da Sua orientação.

Jesus Cristo recebeu a maldição da Lei e morreu na cruz embora fosse inocente, e por meio dele adquirimos a liberdade. Para que não nos tornemos escravos do pecado novamente, temos que produzir o fruto do Espírito.

Se nós cometemos pecados de novo com essa liberdade, e crucificamos o Senhor mais uma vez cometendo as obras da carne, não herdaremos o reino de Deus. Pelo contrário, se produzimos o fruto do Espírito, andando no Espírito, Deus nos protege, de modo que o diabo inimigo e Satanás não irá nos prejudicar. Além disso, iremos receber qualquer coisa que pedirmos em oração.

"Amados, se o nosso coração não nos condena, temos confiança diante de Deus, e tudo o que pedimos dele recebemos, porque guardamos os seus mandamentos e fazemos o que é agradável à sua vista". Este é o seu mandamento: acreditar no nome de Seu Filho Jesus Cristo, e nos amemos uns aos outros, como Ele nos mandou. "(1 João 3:21-23)".

"Sabemos que todo aquele que é nascido de Deus não peca; mas o que de Deus é gerado conserva-se a si mesmo, e o maligno não lhe toca" (1 João 5:18).
Nós podemos produzir o fruto do Espírito e desfrutar a verdadeira liberdade, como cristãos, quando tivermos a fé para andar no Espírito, a fé que atua pelo amor.

O primeiro dos nove frutos é amor

O primeiro fruto dos nove frutos do Espírito é o amor. O amor, como em 1 Coríntios 13 é o amor para cultivar o amor espiritual, enquanto que o amor como um dos frutos do Espírito Santo está em um nível mais elevado, é o amor sem limites e sem fim, que cumpre a lei. É o amor de Deus e de Jesus Cristo. Se temos esse amor, podemos nos sacrificar completamente com a ajuda do Espírito Santo.

Nós podemos produzir o fruto da alegria na medida em que cultivamos esse amor, para que possamos alegrar e ser felizes em todas as circunstâncias. Desta forma, não teremos qualquer problema com ninguém, por isso produziremos o fruto da paz.

Enquanto mantemos a paz com Deus, com a nós mesmos e com todos os outros, naturalmente produziremos o fruto da paciência. O tipo de paciência que Deus quer é que nós nem sequer temos de suportar em nada, porque já temos a completa bondade e verdade em nós. Se tivermos amor verdadeiro, poderemos compreender e aceitar qualquer tipo de pessoa, sem ter quaisquer maus sentimentos. Portanto, não teríamos que perdoar ou tolerar em nosso coração.

Quando somos pacientes com os outros em bondade, produziremos o fruto da bondade. Se na bondade e que somos pacientes, mesmo com aquelas pessoas a quem nós não podemos realmente compreender, então poderemos mostrar bondade para com eles. Mesmo que eles façam coisas que são completamente fora da normal, iremos entender seus pontos de vista e aceitá-los.

Aqueles que produzem o fruto da bondade também terá bondade. Eles vão considerar os outros superiores a si mesmo e buscaram os interesses dos outros, bem como a sua própria. Eles não discutem com ninguém, e não levantam as suas vozes. Eles terão o coração do Senhor, que não cortou um caniço rachado ou colocou para fora uma pessoa como um pavio fumegante. Se você suportar tais frutos de bondade, não irá insistir em suas opiniões. Você só irá ser fiel em toda a casa de Deus e será manso.

Aqueles que são mansos não se tornariam como umas pedras de tropeço para ninguém e eles terão paz com todos. Eles possuem um coração generoso, então eles não julgam ou condenam, mas apenas compreendem e aceitam os outros.

A fim de produzir os frutos do amor, alegria, paz, longanimidade, benignidade, bondade, fidelidade, mansidão em harmonia, deve haver o domínio próprio. Abundância em Deus é bom, mas as obras de Deus devem ser cumpridas seguindo ordem. Precisamos de domínio próprio para não exagerar em qualquer coisa, mesmo que seja uma coisa boa. Ao seguirmos a vontade do Espírito Santo dessa maneira, Deus faz com que todos trabalhem em conjunto para o bem.

Contra Estas Coisas Não Há Lei

O Consolador, o Espírito Santo, leva os filhos de Deus para a verdade, para que possam desfrutar da verdadeira liberdade e felicidade. A verdadeira liberdade é a salvação dos pecados e do poder de Satanás que tenta nos impedir de servir a Deus e desfrutar de uma vida feliz. É também a felicidade adquirida pela comunhão com Deus.

Conforme registrado em Romanos 8:02, "Porque a lei do Espírito da vida em Cristo Jesus, te livrou da lei do pecado e da morte", que é a liberdade que só pode ser adquirida quando cremos em Jesus Cristo, em nosso coração e andamos na luz. Esta liberdade não pode ser alcançada por força humana. Ela nunca pode ser adquirida sem a graça de Deus, e isso é uma bênção que podemos desfrutar continuamente enquanto mantemos a nossa fé.

Jesus também disse em João 8:32, "... e conhecereis a verdade, e a verdade vos libertará." Liberdade é a verdade, e é imutável. Torna-se a vida para nós e que nos leva à vida eterna. Não há verdade neste mundo que perece e muda somente a imutável Palavra de Deus é a verdade. A verdade é aprender a Palavra de Deus, guardando-a em mente, para colocá-lo em prática.

Mas pode não é sempre fácil praticar a verdade. As pessoas têm mentiras que aprenderam antes que vieram a conhecer a Deus, e tais mentiras os impediram de praticar a verdade. A lei da carne deseja seguir a mentira e a lei do Espírito da vida deseja seguir a verdade que guerra uns contra os outros (Gálatas 5:17). Esta é uma guerra para ganhar a liberdade da verdade. Esta guerra vai continuar até que a nossa fé esteja firme e estejamos firmes sobre a rocha da fé que nunca é abalada.

Como estamos na rocha da fé, nos sentimos muito mais leves para combater o bom combate. Quando lançamos fora todo o mal e nos tornamos santificados, será quando vamos finalmente ser capazes de desfrutar a liberdade de verdade. Nós não teremos que lutar o bom combate porque só vamos praticar a verdade o tempo todo. Se tivermos os frutos do Espírito Santo por Sua orientação, ninguém pode impedir-nos de ter a liberdade de verdade.

É por isso que Gálatas 5:18 diz: "Mas, se sois guiados pelo Espírito, não estais debaixo da lei," e os seguintes versos 22-23 diz: "Mas o fruto do Espírito é: amor, alegria, paz, longanimidade, benignidade, bondade, fidelidade, mansidão, domínio próprio; contra estas coisas não há lei.".

A mensagem sobre os nove frutos do Espírito Santo é como a chave para abrir o portão de bênçãos. Mas só porque temos a chave da porta de bênçãos ela não vai se abrir sozinha. Nós temos que realmente colocar a chave na fechadura e abri-la, e o mesmo se aplica à Palavra de Deus. Não importa o quanto nós ouvimos, ainda não é totalmente nossa. Nós podemos receber as bênçãos contidas na Palavra de Deus apenas quando a colocarmos em prática.

Mateus 7:21 diz: "Nem todo aquele que me diz: 'Senhor,

Senhor', entrará no reino dos céus, mas aquele que faz a vontade de meu Pai que está no céu vai entrar." Tiago 1:25 diz: "Mas aquele que olha fixamente para a lei perfeita, lei da liberdade, e age de acordo com ele, não sendo ouvinte esquecido, mas um fazedor eficaz, este homem será bem-aventurado no que ele faz.".

Para que recebamos o amor e as bênçãos de Deus, é importante entender o que os frutos do Espírito Santo são mantê-los em nossas mentes, e realmente ter esses frutos, praticando a Palavra de Deus. Se tivermos os frutos do Espírito Santo completamente praticando a verdade por completo, vamos desfrutar de verdadeira liberdade na verdade. Iremos ouvir claramente a voz do Espírito Santo e seremos guiados em todos os nossos caminhos, para que possamos prosperar em todos os aspectos. Eu oro em nome do Senhor, que você possa desfrutar da grande honra, tanto nesta terra como na Nova Jerusalém, nosso destino final de fé.

O Autor:
Dr. Jaerock Lee

Dr. Jaerock Lee nasceu em Muan, província Jeonnam, República da Coreia, em 1943. Enquanto na casa dos vinte anos, o Dr. Lee sofria de uma variedade de doenças incuráveis por sete anos e esperava a morte, sem esperança de recuperação. No entanto, um dia na primavera de 1974, ele foi levado a uma igreja por sua irmã e quando ele se ajoelhou para orar, o Deus vivo o curou imediatamente de todas as suas doenças.

A partir do momento que ele conheceu o Deus vivo por essa experiência maravilhosa, o Dr. Lee tem amado a Deus de todo o coração e sinceridade, e em 1978 ele foi chamado para ser um servo de Deus. Ele orou fervorosamente com inúmeras orações de jejum para que ele pudesse entender claramente a vontade de Deus, e obedecer à Palavra de Deus. Em 1982, ele fundou Igreja Central Manmin, em Seul, na Coréia, e inúmeras obras de Deus, incluindo curas milagrosas, sinais e maravilhas, foram acontecendo em sua igreja desde então.

Em 1986, o Dr. Lee foi ordenado pastor na Assembleia Anual de Jesus Sungkyul Igreja da Coréia, e quatro anos depois, em 1990, seus sermões começaram a ser transmitidos na Austrália, Rússia e Filipinas. Dentro de um curto espaço de tempo muitos mais países foram sendo alcançados através do Extremo Oriente Broadcasting Company, a estação de transmissão da Ásia, e do Sistema de Rádio cristã Washington.

Três anos depois, em 1993, Igreja Central Manmin foi selecionada como uma das "Top 50 Igrejas do mundo" pela revista World Christian (EUA) e ele recebeu um doutorado honorário da Divindade do Christian Faith College, Florida, EUA, e em 1996 ele recebeu seu Ph. D. em Ministério no Seminário Teológico Kingsway, Iowa, EUA.

Desde 1993, o Dr. Lee tem liderado a evangelização do mundo através de muitas cruzadas no exterior, na Tanzânia, Argentina, Los Angeles, Baltimore, Havaí e Nova York dos EUA, Uganda, Japão, Paquistão, Quênia, Filipinas, Honduras, Índia, Rússia, Alemanha, Peru, República Democrática do Congo, Israel e Estônia.

"Em 2002, ele foi reconhecido como um "revivalista em todo o mundo" por seus ministérios poderosos em várias cruzadas no exterior por grandes jornais cristãos na Coréia "". Em particular foi a sua 'Cruzada de Nova York em 2006", realizada no Madison Square Garden, a mais famosa arena do mundo. O evento foi transmitido para

220 países, e também a 'Israel United Crusade 2009', realizada no Centro Internacional de Convenções (ICC) em Jerusalém, ele corajosamente proclamou que Jesus Cristo é o Messias e o Salvador.

Seus sermões são transmitidos para 176 países através de satélites, incluindo GCN TV e ele foi listado como um do "Top 10 Líderes cristãos mais influentes de 2009 e 2010 pela revista cristã popular russa In Victory e a agência de notícias Christian Telegraph por seu ministério poderoso de transmissão de TV e o ministério no exterior".

A partir de outubro de 2013, a Igreja Central Manmin tem uma congregação de mais de 120.000 membros. Existem 10.000 igrejas filiais em todo o mundo, incluindo 56 igrejas filiais, e mais de 123 missionários foram comissionados para 23 países, incluindo os Estados Unidos, Rússia, Alemanha, Canadá, Japão, China, França, Índia, Quênia, e muitos mais até agora.

A partir da data desta publicação, o Dr. Lee escreveu 88 livros, incluindo best-sellers de como Vida Eterna antes da morte, Minha vida Minha Fé I & II, A Mensagem da Cruz, A Medida da Fé, O Céu I & II, Inferno, Desperte Israel! , e O Poder de Deus. Suas obras foram traduzidas para mais de 76 idiomas.

Suas colunas cristãs aparecem em The Hankook Ilbo, The JoongAng Daily, The Chosun Ilbo, The Dong-A Ilbo, The Munhwa Ilbo, The Seoul Shinmun, The Kyunghyang Shinmun, The Korea Economic Daily, The Korea Herald, The Shisa News, e The Christian Press..

Dr. Lee é atualmente líder de muitas organizações missionárias e associações. Suas Posições incluem: Presidente, The United Holiness Church of Jesus Christ; Presidente, Manmin World Mission; Permanent President, The World Christianity Revival Mission Association; Fundador e Presidente do Conselho, Global Christian Network (GCN, Fundador e Presidente do Conselho, World Christian Doctors Network (WCDN) e fundador e presidente do Conselho, do Manmin International Seminary (MIS).

Outras Obras Poderosas do Autor

Céu I & II

Um esboço detalhado dos ambientes maravilhosos que os cidadãos do céu desfrutam e a linda descrição dos diferentes níveis dos reinos dos céus

Experimentando a Vida Eterna antes da Morte

O testemunho do Reverendo Dr. Jaerock Lee, que nasceu de novo, que foi resgatado do vale da morte e tem levado uma exemplar vida cristã.

Minha Fé Minha Vida I & II

A autobiografia do Dr. Jaerock Lee exala o mais fragrante aroma espiritual para seus leitores através de sua vida extraída do amor de Deus, florescido em meio a ondas fortes, um jugo pesado e profundo desespero.

A Medida da Fé

Que tipo de lar celestial, coroa e recompensa estão preparados para você no céu? Esse livro fornece, com sabedoria, meios para você medir sua fé e cultivá-la de modo a torná-la melhor e mais madura.

O Poder de Deus

Um livro que todos devem ler como um guia essencial através do qual a pessoa pode possuir uma fé verdadeira e experimentar o maravilhoso poder de Deus.

Inferno

Uma mensagem profunda de Deus, que não deseja que nem uma alma sequer vá para as profundezas do inferno, a toda a humanidade! Você descobrirá coisas nunca antes reveladas sobre a cruel realidade do

www.urimbooks.com

www.ingramcontent.com/pod-product-compliance
Lightning Source LLC
LaVergne TN
LVHW021815060526
838201LV00058B/3393